데일리 아이 옷, 메이드 바이 마미

노기 요코 지음 / 박승희 옮김

아기의 탄생. 그것은 말할 수 없이 기쁜 감동의 순간이죠!

존재만으로도 사랑스러운

그 작은 천사들을 위해 꼭 필요한 아이템을 생각해봤어요.

심플하고 베이식한 디자인.

만들기 쉽고 입히기 쉽고

움직이기 편한 디자인으로 만들었어요.

옷을 입고 벗기 쉬운 똑딱단추를 사용하고,

피부에 부드러운 천연 소재를 중심으로

편안한 착용감을 가장 먼저 생각했어요.

독창적인 느낌을 내기 위해

태그나 안감 처리에도 신경을 썼답니다.

저는 옷을 만드는 동안 치유 받는 느낌이 들어 행복했어요.

여러분도 아이를 위해 꼭 한 번 만들어보세요.

애정이 가득 담긴 특별한 작품이 될 거예요.

빛나는 순간을 추억의 한 페이지에 남기길 바라며.

노기 요코

A
보디 슈트·긴소매
SIZE
70/80
› p.16, 18 / p.40

B
보디 슈트·반소매
SIZE
70/80
› p.12 / p.50

C
셔츠
SIZE
70/80/90/100
› p.6, 28, 31, 32 / p.43

D
블라우스
SIZE
70/80/90/100
› p.20 / p.51

E1 E2 E3
벌룬 팬츠
SIZE
70·80/90·100
› p.12, 17, 26, 33 / p.52

› p.26 / p.52

F
툴 스커트
SIZE
70·80/90·100
› p.16 / p.54

G
레깅스
SIZE
70/80/90/100
› p.10, 11 / p.55

H
치노 팬츠
SIZE
80/90/100
› p.21, 22, 28 / p.56

I
반바지
SIZE
80/90/100
› p.6, 20 / p.56

J
치노 스커트
SIZE
80/90/100
› p.6, 31, 32 / p.58

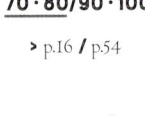
앞 **K1** 뒤 **K2**

A라인 에이프런 드레스
SIZE
70·80/90·100
› p.26 / p.60

L
투웨이 카슈쾨르 에이프런 드레스
SIZE
70·80/90·100
› p.9 / p.62

M
꽃무늬 원피스
SIZE
80/90/100
› p.14 / p.64

N
튜닉
SIZE
80/90/100
› p.11 / p.65

목차 보는 법

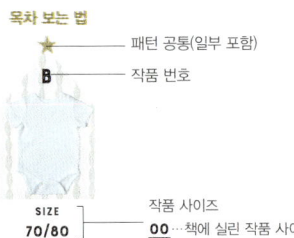

★ — 패턴 공통(일부 포함)
B — 작품 번호
SIZE **70/80** — 작품 사이즈
00 … 책에 실린 작품 사이즈
› p.00, 00, 00 — 작품 사진 페이지
/ p.00 — 작품 만드는 법 페이지

사진 페이지의 작품 번호에 대해
예 C·I
마크 안의 알파벳은 목차에 있는 작품 번호를 나타낸다.

BASICS
바느질의 기초
› p.36

PROCESS
과정
› **A** p.40
C p.43

ONE POINT
포인트
› p.48

HOW TO MAKE
만드는 방법
› p.49

O

흰색 칼라 원피스

SIZE
80/90/100

> p.30, 33 / p.66

★ **P**

볼레로

SIZE
80/90/100

> p.16, 35 / p.68

★ **Q**

카디건

SIZE
80/90/100

> p.21, 22, 23 / p.70

R1

베스트

SIZE
70 · 80/90/100

> p.28 / p.72

R2

나비넥타이

SIZE
FREE

> p.28 / p.73

S

폭신폭신 조끼

SIZE
70 · 80/90/100

> p.22 / p.74

T

판초

SIZE
70 · 80/90 · 100

> p.34 / p.75

U

나일론 판초

SIZE
70 · 80/90 · 100

> p.10 / p.76

V

울 코트

SIZE
90/100

> p.31, 32 / p.78

W

타월 판초

SIZE
FREE

> p.18 / p.77

X

단추 장식 턱받이

SIZE
FREE

> p.12 / p.59

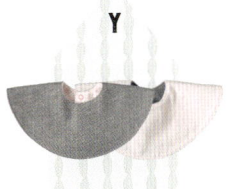

Y

둥근 턱받이

SIZE
FREE

> p.13, 17, 33 / p.59

Z

티핏

SIZE
70 · 80/90 · 100

> p.35 / p.77

본문에 ★표를 하고 설명해 놓은 부분은 모두 역주입니다.
책에 실린 작품을 복제하여 판매(매장, 인터넷 등)하는 것은 금지되어 있습니다. 손수 만들어 즐기는 용도로만 이용해주세요.

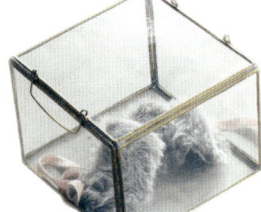

C+J

흰 셔츠는 남자아이나 여자아이 모두 입을 수 있는 단골 아이템입니다.
A라인의 치노 스커트와 같이 입으면 단정한 인상을 줍니다.

C / 셔츠 SIZE 70/80/<u>90</u>/100

J / 치노* 스커트 SIZE 80/<u>90</u>/100

I / 반바지 SIZE 80/<u>90</u>/100

* 치노: 두꺼운 능직 코튼지. 제1차 세계대전 중에 미 육군이 사용하기 시작했는데 본래의 색과 카키, 흰색 등이 많고 캐주얼한 옷에 자주 이용된다.

데님 소재의 반바지는 스티치를 넣어 마무리했어요.
셔츠 소매를 접어 올려 캐주얼하게 입혀도 멋있어요.

앞뒤 구분없이 입을 수 있는
에이프런 드레스는 주름이 많이 들어가
귀여운 인상을 줍니다.
길이가 짧으니 원피스로 입을 때는
레깅스나 블루머와 같이 입으면 좋아요.

L / 투웨이 카슈쾨르 cache-cœur 에이프런 드레스　SIZE 70・80/90・100

방수 나일론 소재로 만든 판초는
비 오는 날 멋진 활약을 합니다.
밑단에 달아 놓은 똑딱단추를 채우면 소매가 된답니다.

U / 나일론 판초　SIZE　70・80/90・100
G / 레깅스　SIZE　70/80/90/100

U+G

N / 튜닉 SIZE 80/**90**/100

산뜻한 스트라이프 원단을 사용해 둥근 요크에
단추로 포인트를 준 튜닉을 만들었어요.
신축성 있는 스트레치 소재의 레깅스는 입기 편해서
색깔별로 구비해두면 유용해요.

촉감 좋은 면 스무드 원단으로 만든
보디 슈트와 턱받이에 사랑스러운 벌룬 팬츠를 코디했어요.
외출복으로도 평상복으로도 활용도 높은 아이템이랍니다.

X / 단추 장식 턱받이 SIZE **FREE**
B / 보디 슈트 · 반소매 SIZE **70/80**
E2 / 벌룬 팬츠 SIZE **70 · 80**

Y / 둥근 턱받이 SIZE FREE

양면으로 사용할 수 있는 둥근 모양의 턱받이.
흡수성이 뛰어난 타월지와 스무드 원단을 사용했어요.
배색과 원단을 다르게 해서 여러 장 만들어두면
좋은 아이템이랍니다.

고급 면 론^{lawn}*을 사용해서
편하게 입을 수 있는 원피스입니다.
완만한 곡선 라인으로 소매를 만들어
작은 꽃무늬와도 잘 어울려요.

M / 꽃무늬 원피스 SIZE 80/90/100

*론 : 약간 거칠게 짠 엷은 바탕의 평직 면

A+F

기본형 보디 슈트는
다리 안쪽에 똑딱단추를 달아
기저귀를 갈 때 편리해요.

A / 보디 슈트·긴소매 SIZE <u>70</u>/80

F / 튤 스커트 SIZE <u>70</u>·<u>80</u>/<u>90</u>·100

P / 볼레로 SIZE 80/<u>90</u>/100

스커트는 재단 후
마감 처리하지 않아도 되는,
감촉이 부드러운 튤 원단 4장을
겹쳐서 만들었어요.
아이 키가 자라면 레깅스와 매치해
짧게 입을 수 있어요.
벨벳 볼레로는 앞자락의 둥근 라인이
부드러운 인상을 줍니다.
그레이와 핑크는 잘 어울리는
배색 코디랍니다.

P+F

주름이 풍성한 벌룬 팬츠는 디자인도 귀엽고
움직임이 많은 아이의 기저귀를 단단히 감싸주는 역할을 합니다.
둥근 턱받이는 너비가 일정해서 어느 각도에서든 흐르는 침을 받아줍니다.

Y+E2

Y+E1

W / 타월 판초 SIZE FREE

파일 pile * 직물인 타월지에 한쪽 면은 기모 처리된 테리 원단 Terry Cloth을 사용해 촉감이 좋아요. 유모차나 자동차로 외출할 때 한 장 있으면 유용하답니다.

* 파일: 원단 표면에 고리 같은 것이 있는 천, 두툼하고 촉감이 부드러운 것이 특징

목욕을 마친 후 직접 감싸주거나 낮잠 잘 때 덮어주는 용도로 사용하면 좋아요.
피부에 자극이 없는 천연 소재를 추천합니다.

D+I

C 셔츠와 같은 패턴을 사용해요.
소매는 반소매 퍼프 슬리브로 만들고
칼라 끝부분은 둥글게,
뒤쪽에는 턱 tuck* 주름을 잡아
블라우스로 만들었어요.
남녀 공용 반바지를 매치했어요.

D / 블라우스 SIZE **70/80/90/100**

＊턱: 일정한 간격으로 천을
  죽아 접은 주름

남녀 아이 모두 입을 수 있는 카디건은
앞여밈 부분에 간단히
스냅 테이프(줄스냅)*를 달았어요.
여밈의 방향은 원하는 대로 바꿔보세요.
추울 때 가볍게 걸칠 수 있는 기본 아이템이에요.

*스냅 테이프: 똑딱단추가 달려 있는 천 테이프

Q/ 카디건 SIZE 80/90/100

Q+H

S / 폭신폭신 조끼 SIZE 70·80/90/100

푸들털 같은 플리스로 만든
따뜻한 조끼는
나무 단추가 포인트입니다.
겉감과 안감을 빙 둘러 박고
뒤집어 만들기 때문에
단 처리를 하지 않아도 돼요.

퀼팅한 자카드 니트를 사용했어요.
안단은 프린트된 바이어스 테이프로 처리했답니다.
보이지 않는 곳까지 세심하게 신경을 써 완성도를 높였어요.

아이들을 동화 속 주인공으로 만들어줄 아이템을 모아봤어요.
세련된 디자인에 쉽게 입을 수 있도록 만든 패턴, 군데군데 멋진 포인트가 숨어있답니다.
핸드메이드의 마법으로 공주와 왕자를 만들어주세요.
낮잠을 자는 동안 꿈나라로…….

어느 행성에 떨어진 두 아이.

"그 사과는 하늘 저편으로 날아가버린 걸까?"
"어쩌면 숲 속에 있을지도 몰라!"
"맞아, 가보자."
"가보자!"

K1·K2 / A라인 에이프런 드레스 SIZE 70·80 / 90·100

E1·E3 / 벌룬 팬츠 SIZE 70·80 / 90·100

A라인의 에이프런 드레스는 식사 때뿐만 아니라 평상복으로 입혀도 좋은 아이템이에요.
11호 캔버스를 겉감으로 사용해서 모양이 예쁘게 유지됩니다.

겉과 속을 브로드클로스 broadcloth 정도의 두툼한 천으로 만들면
양면으로 입을 수 있어요.

풍성한 벌룬 팬츠가 살짝살짝 보여서
사랑스러운 코디입니다.

R1/ 베스트 SIZE 70·80/90/100

R2/ 나비넥타이 SIZE FREE

H/ 치노 팬츠 SIZE 80/90/100

R1+R2+C+H

멋지게 차려 입히고 싶다면 이 코디를 추천해요.
영국 신사를 연상시키는 베스트와 동일한 무늬의 나비넥타이,
하의는 치노 팬츠를 매치해 전통적인 스타일을 완성했답니다.

0/ 흰색 칼라 원피스 SIZE **80/90/100**

봄·여름용 양복을 만들 때 주로 사용하는
매끄러운 소재로 만든 원피스입니다.
허리선 위치에 벨벳 리본을 장식했어요.
흰색 둥근 플랫칼라가 깔끔한 느낌을 줍니다.
스커트는 앞뒤 턱 주름의 방향을 반대로 만들었어요.

두툼한 울 코트는 90과 100사이즈로 만들었어요.
아장아장 걸음마를 뗀 아이에게 꼭 입히고 싶은 옷 중 하나예요.

아이의 행동에 따라 다양한 표정을 보여주는 옷들.
마음에 드는 것을 찾으셨나요?

올록볼록한 물방울무늬가 귀여운 판초.
한 겹으로 된 옷이라 안감 처리에도 정성을 들였어요.
안단에 사용한 벨벳 리본은
색을 다양하게 바꿔도 좋을 것 같아요.

T / 판초 SIZE 70・80/90・100

칼라 주변을 귀엽게 연출하는 티핏 tippet 은
꼬마 숙녀의 필수 아이템이에요.
분홍색 벨벳 리본은 회색 퍼와 톤을 맞췄어요.
볼레로 원피스, 판초와도 잘 어울려요.

* 티핏: 모피 어깨걸이

Z / 티핏 SIZE 70·80/90·100

Z+P

옷감

이 책의 작품에 사용한 옷감을 일부 소개합니다.
피부에 직접 닿는 부분은 면, 리넨 등의
천연 소재를 추천합니다.
색상과 무늬, 소재가 다른 여러 옷감 중
디자인과 용도에 맞춰 원하는 옷감으로
옷을 만들어보세요.

✦ 알파벳은 작품 번호

BASICS
바느질의 기초

L 컬러 리넨 / **E1** 리넨 거즈 / **E2·E3** 물세탁 가능한 론
매끈러운 질감의 평직 옷감. 볼륨을 만들고 싶은 디자인에 추천한다.

C·D 브로드클로스(100수) / **N** 스트라이프 면 / **M·F**(허리)·**P**(안감)면 론
얇고 고급스러운 평직의 옷감. 셔츠나 블라우스, 원피스 등에 사용한다.

V 두툼한 울 / **P** 벨벳 / **O** 울 나일론 / **R1·R2** 스트라이프 울 코튼
울이나 벨벳은 코트와 베스트, 외출용 원피스 등에 좋다.

V(안감)·**R1**(안감) 큐프라 인견 cupra
주로 안감으로 사용되는 매끄러운 옷감이다.

H·J 스트레치 치노 / **I** 데님 / **K1·K2** 11호 캔버스
두툼한 옷감은 팬츠나 스커트 등의 하의 옷의 형태를 유지하고 싶은 디자인에 사용한다.

Q 면 혼방 누빔 자카드·니트 / **Y**(그레이) 멜란지 스무드 니트 / **A·B·X** 면 스무드
신축성 있는 니트 소재의 천으로 두께나 직조 방법에 따라 여러 종류가 있다.

Y(핑크) 안감 거즈 파일 원단 / **W** 테리 원단
촉감 좋은 타월지는 피부에 직접 닿아도 안심할 수 있는 소재다.

U 방수 나일론 / **S** 푸들 플리스 / **Z** 인조털 원단 / **T** 자카드 니트
아우터에 사용되는 원단은 다양한 소재가 있다. 용도에 맞춰 선택한다.

도구

패턴을 뜨고 천을 재단한 다음 각 부위를 이어서
옷을 만들려면 도구가 필요합니다.
처음부터 전부 다 갖출 필요는 없지만
편리한 도구를 이용해 즐겁게 바느질을 해보세요.

- a 모눈자 (치수를 재거나 패턴을 본뜰 때)
- b 공작용 가위 (종이나 고무, 벨크로 테이프 등 천 이외의 것을 자를 때)
- c 재단 가위 (천을 자를 때)
- d 쪽가위 (실을 자를 때)
- e 바이어스 메이커 ★1
- f 수성 초크 펜 (잉크가 물에 지워지는 원단용 수성 초크 펜)
- g 초크 펜 (원단에 표시할 때)
- h 형광 펜 (패턴에 표시할 때)
- i 샤프 (패턴을 본뜰 때)
- j 다리미용 시접자 ★2
- k 실뜯개 (실밥을 뜯을 때 편리)
- l 송곳 ★3
- m 시침 클립 (두꺼운 천이나 구멍을 뚫고 싶지 않은 소재의 시침질에 사용)
- n 핀 쿠션 & 시침바늘 (사용 중인 바늘이나 시침바늘을 꽂아 놓음)
- o 패턴지 (아래쪽이 비치는 얇고 질긴 종이로 패턴을 만드는 데 사용)
- p 고무줄 끼우개 (끈이나 고무줄을 끼울 수 있는 도구)
- q 문진 (종이가 어긋나지 않도록 고정할 때)

★1 바이어스 메이커

e

바이어스 테이프의 양끝을 동시에 접을 수 있는 도구. 바이어스 테이프를 바이어스 메이커에 끼워 넣고 손잡이를 당기면서 다림질한다. 바이어스 테이프를 연결하는 방법은 39쪽을 참조한다.

★2 다리미용 시접자

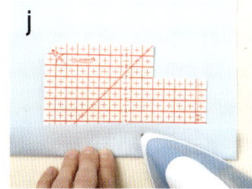

j

눈금이 있는 내열성 자. 시접의 접힌 부분을 재면서 다림질 할 수 있다.

★3 송곳

l

재봉을 할 때 천을 밀어내거나 모서리를 정리할 때 사용한다.

BASICS
바느질의 기초

바느질을 시작하기 전 만들고 싶은 작품을 정했다면 바느질을 시작하기 전에 몇 가지 준비를 합니다. 실물 크기의 패턴을 본떠 제작할 옷의 패턴을 만든 후 원단이 비뚤어지지 않게 정돈한 다음 재단합니다. 준비가 번거로울 수도 있지만 각각의 공정을 얼마나 정성껏 하느냐에 따라 완성품에서 차이가 납니다.

★ 시접 달린 패턴 만드는 법

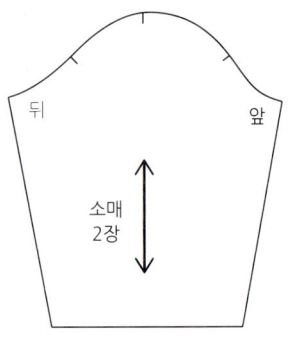
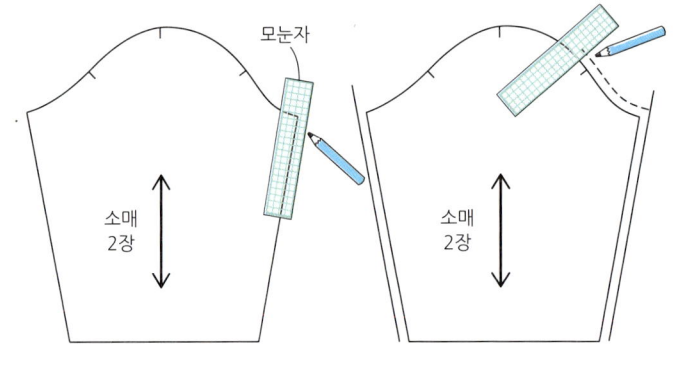
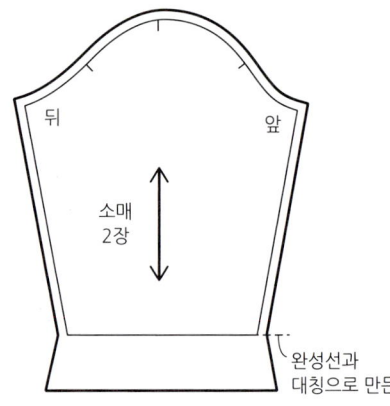

① 실물 크기 패턴 위에 패턴지를 얹고 필요한 사이즈의 패턴을 본뜬다. 패턴 둘레에 시접 여유분을 남긴다.

② 재단 배치도를 참조해 시접을 그린다. 모눈자를 사용해 직선 부분의 시접을 그린다.

③ 곡선 부분은 곡선을 따라 모눈자를 조금씩 옮기며 시접을 점으로 표시한 후 잇는다.

④ 밑단이나 소맷부리 등 모서리의 시접이 부족한 경우 완성선과 대칭이 되도록 시접을 그린다.

맞춤점, 원단의 올 방향, 단추를 달 위치, 부분별 명칭과 매수는 반드시 표시한다.

★ 선의 종류와 기호

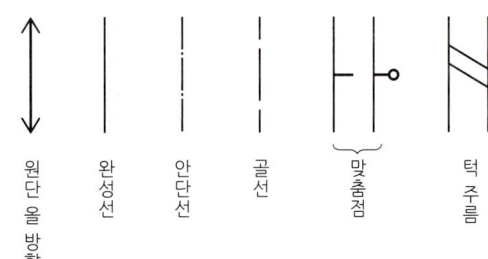

원단 올 방향 / 완성선 / 안단선 / 골선 / 맞춤점 / 턱 주름

★ 원단의 명칭

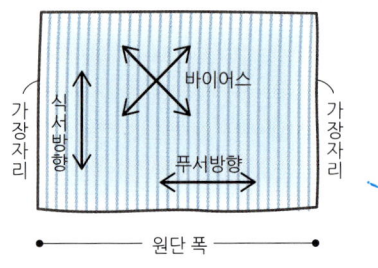

바이어스 / 식서방향 / 푸서방향 / 가장자리 / 가장자리 / 원단 폭

★ 선 세탁 & 원단 올 바로잡기 (면·마에 해당)

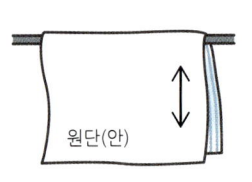
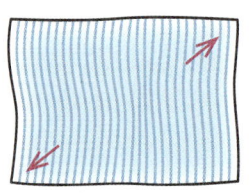
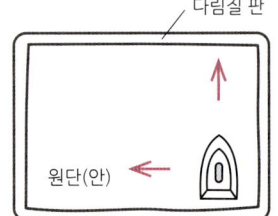

① 물을 넉넉히 준비하여 원단을 1시간 정도 담가 둔다.

② 가볍게 짜서 원단의 올을 정돈한 후 그늘에서 말린다.

③ 완전히 마르기 전에 원단의 올이 직각이 되도록 잡아당겨 정돈한다.

④ 덜 마른 상태에서 원단의 올을 따라 안쪽에서 다림질한다.

울
분무기로 원단 전체에 물을 적신 후 수분 증발을 막기 위해 큼직한 비닐봉지에 넣는다. 1시간 정도 지난 후 원단의 안쪽에서 다림질해 정돈한다. 원단이 변질되지 않도록 천을 덧대거나 다리미를 조금 띄우는 등 조절하며 다림질한다.

기타
물세탁을 할 수 없는 원단이나 열에 약한 원단은 구입 시 직원과 상담한다.

★ 원단의 재단

시접이 있는 패턴을 원단의 겉면에 놓고 패턴의 원단 올 방향과 원단의 식서방향을 맞춰 시침바늘로 고정하여 재단한다. 패턴에 '골선' 표시가 있는 것은 원단을 안면끼리 반으로 접어 접힌 부분과 패턴의 '골선' 부분을 맞춘다.
아래 그림의 ○표시처럼 앞·뒤 중심과 맞춤점은 수성 초크 펜 등으로 안쪽에 표시한다.

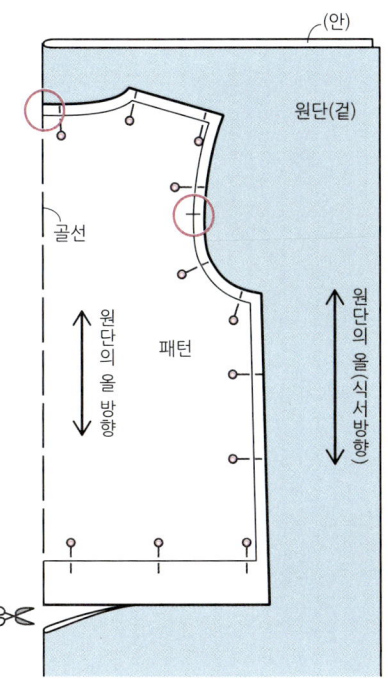
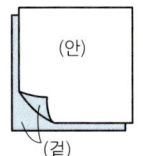
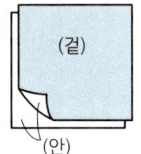
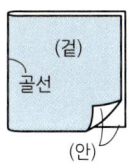

★ 실과 바늘

원단에 적합한 바늘과 실을 고른다. 바늘과 실은 원단의 두께나 소재에 따라 다르게 사용한다.

재봉 실
폴리에스테르 재봉 실. 소재에 따라 실의 굵기가 달라진다.

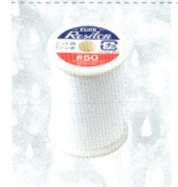

니트용 재봉 실(비닐론)
신축성 있는 나일론 실. 니트 소재에 사용한다.

손바느질 실
단추나 똑딱단추를 달 때 사용하는 튼튼한 실

원단의 종류		재봉실	재봉 바늘
얇은 원단	면 론, 리넨 거즈	90번	7번·9번
보통 원단	브로드클로스, 얇은 울, 나일론, 타월지	60번	9번·11번
두꺼운 원단	데님	30번	11번·14번
니트 원단	스무드, 자카드 니트	니트용 50번 (비닐론)	니트용 9번·11번

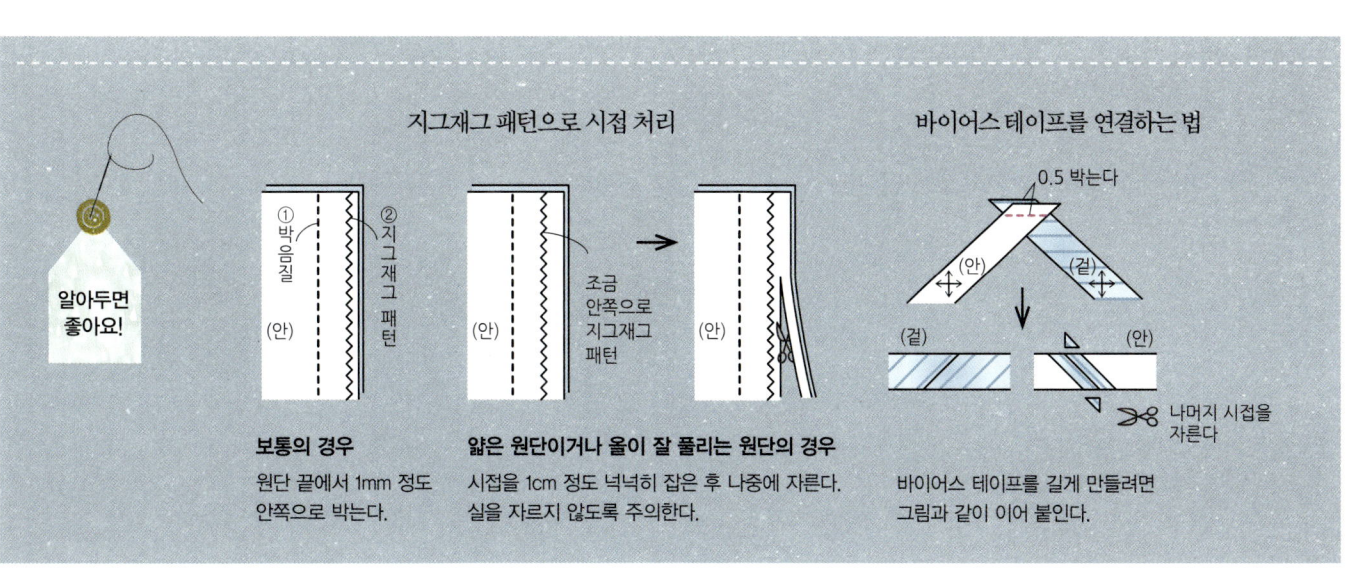

PROCESS 과정

A / 보디 슈트·긴소매 / p.16, 18 / 실물 크기 패턴 A면

SIZE 70/80 (왼쪽부터)

재료

재단에 필요한 원단의 길이와 재료는
70·80 사이즈 공통
겉감: 면 스무드 90cm×100cm
지름 0.9cm 플라스틱 똑딱단추×3쌍

니트 바인딩 테이프 1cm×70cm(목둘레선),
1.5cm×80cm(밑단)
늘어남 방지 테이프 0.9cm×70cm(목둘레선),
1.2cm×80cm(밑단)

※ 니트용 실과 니트용 바늘을 사용

완성 치수

옷기장 39/44cm
가슴둘레 52/56cm
소매길이 24/27.5cm

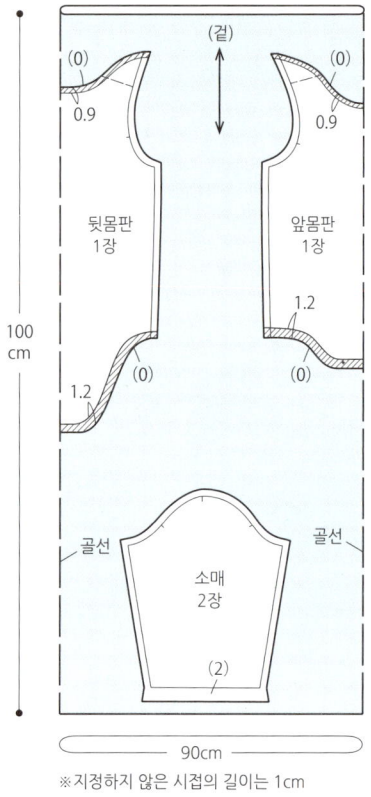

※지정하지 않은 시접의 길이는 1cm
▨ 은 안쪽에 늘어남 방지 테이프를 붙인다

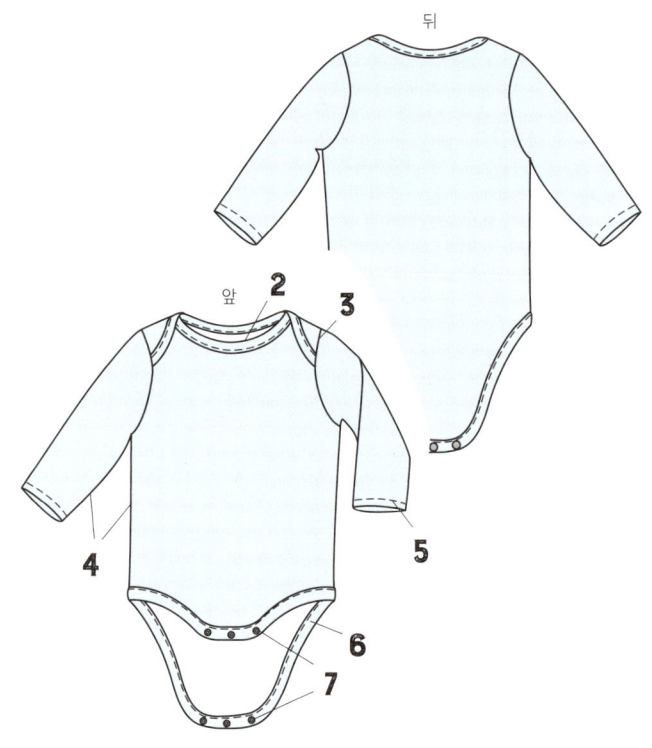

1 원단을 재단하고 늘어남 방지 테이프를 붙인다

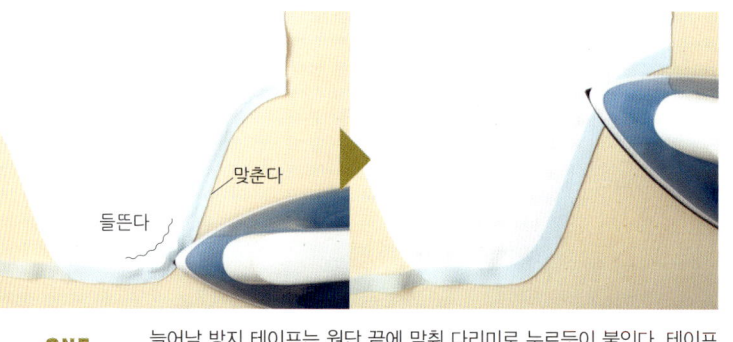

재단배치도를 참조하여 원단을 재단한다. 지정된 위치에 늘어남 방지 테이프를 붙이고 맞춤점을 표시한다.

➕ 쉽게 설명하기 위해 실제 재료와 다른 것을 사용했습니다.

ONE POINT 늘어남 방지 테이프는 원단 끝에 맞춰 다리미로 누르듯이 붙인다. 테이프를 당기지 않도록 주의한다. 곡선이 심한 곳은 다리미 끝으로 바깥 부분을 먼저 고정시킨 후 들뜬 부분을 위에서 꾹꾹 눌러준다.

2 목둘레선에 니트 바인딩 테이프를 붙인다

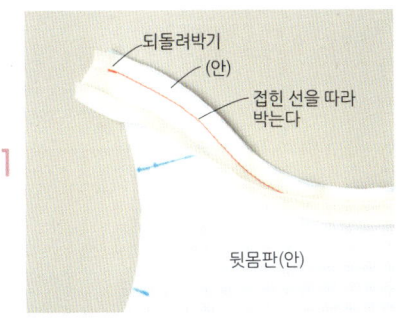
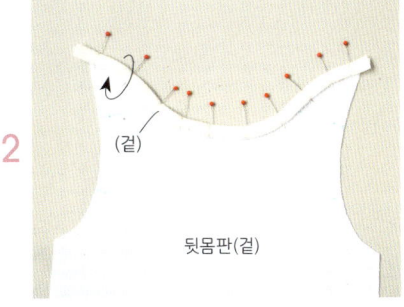
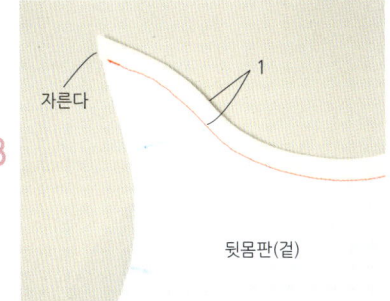

1. 니트 바인딩 테이프(폭 1cm)를 준비한 후 접힌 선을 벌려 원단 끝끼리 맞춘다. 니트용 재봉실과 바늘로 테이프의 접힌 선을 박는다. 처음과 끝은 되돌려박기한다.

2. 바깥쪽으로 돌려 니트 바인딩 테이프로 원단 끝을 감싸 시침바늘을 꽂는다.

3. 니트 바인딩 테이프의 가장자리를 박고, 남은 부분은 자른다. 앞몸판의 목둘레선도 같은 방식으로 니트 바인딩 테이프를 박는다.

3 어깨를 맞춰 소매를 단다

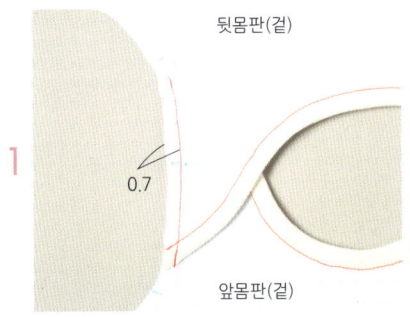
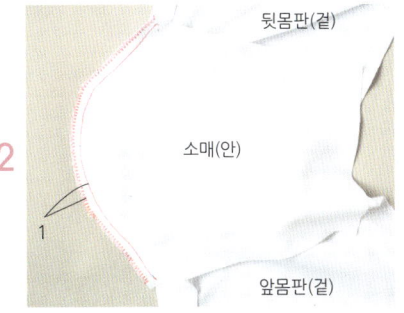
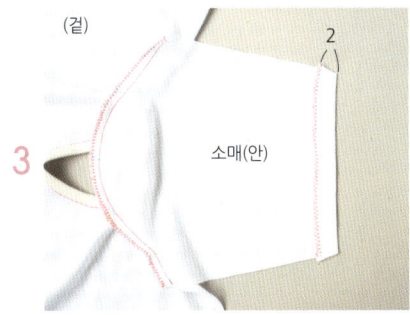

1. 앞·뒷몸판의 어깨 맞춤점을 포개어 진동둘레선 윗부분을 박는다.

2. 몸통과 소매를 겉면끼리 맞대고 소매산을 박은 후 2장을 함께 지그재그 패턴으로 박는다.

3. 소맷부리를 지그재그 패턴으로 박고 시접을 반으로 접어 다림질해 접힌 선을 만든다. 다른 쪽도 같은 방식으로 만든다. 소매산의 시접은 소매 쪽으로 꺾는다.

4 소매 밑에서부터 옆선까지 박는다

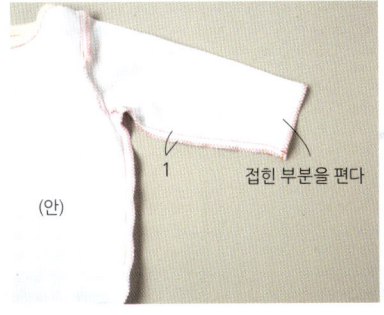

몸통과 소매를 겉면끼리 맞대고 소매 밑에서부터 옆선까지 이어서 박는다. 시접은 2장을 함께 지그재그 패턴으로 박고 뒤쪽으로 꺾는다.

ONE POINT 지그재그 패턴으로 박은 시접이 우는 경우 다림질하여 정리한다.

5 소맷부리를 박는다

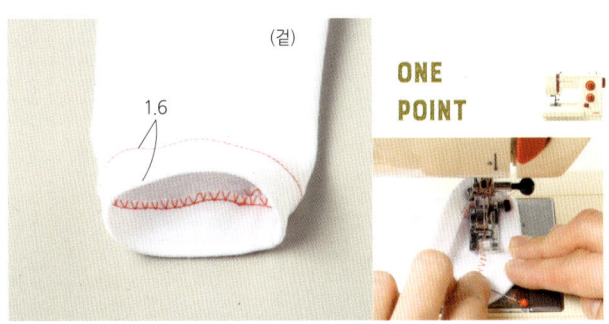

몸통과 소매를 겉으로 뒤집고 소맷부리의 시접을 반으로 접어 둘러 박는다.

ONE POINT 사진처럼 소맷부리 안쪽에서 박으면 쉽다.

6 밑단에 니트 바인딩 테이프를 붙인다

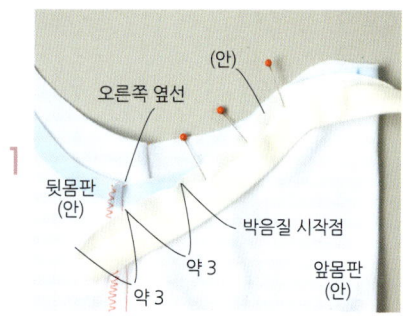

1 늘어남 방지 테이프의 안쪽 라인과 니트 바인딩 테이프(폭 1.5cm)의 접힌 선 위치를 맞춰 시침바늘 3~4개를 꽂는다. 니트 바인딩 테이프는 약 3cm 여유를 두고, 오른쪽 옆선의 약 3cm 안쪽부터 박는다.

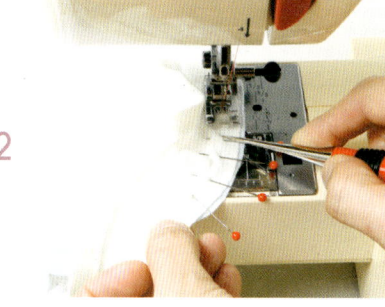

2 니트 바인딩 테이프의 접힌 선을 따라 박음질 한다. 시침바늘을 조금씩 옮기며 박는데 원단을 밀어낼 때는 송곳을 사용한다.

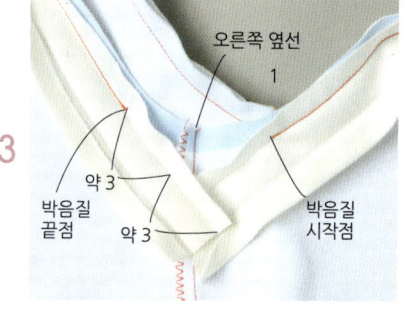

3 박음질 끝점은 박음질 시작점과 동일하게 약 3cm를 남기고 박는다. 니트 바인딩 테이프는 약 3cm 여유를 두고 자른다.

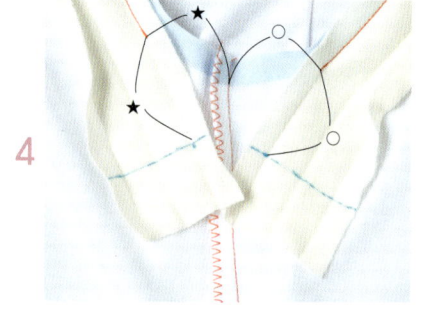

4 박음질을 하지 않고 남겨둔 몸판 부분의 길이에 맞춰 니트 바인딩 테이프에 표시한다.

5 4의 표시한 부분을 겉면끼리 맞대고 박는다.

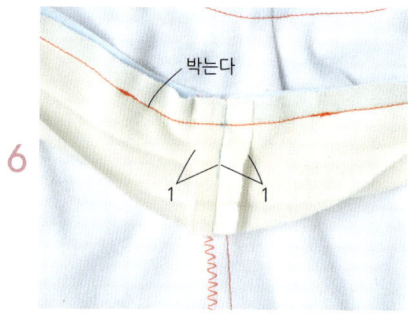

6 시접을 자르고 반으로 가른 후 박음질 하지 않고 남겨둔 부분을 박는다.

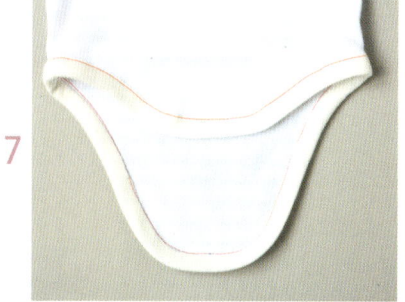

7 목둘레선과 같은 방식으로(p.41 2-2, 3) 만들고 밑단에 니트 바인딩 테이프를 빙 둘러서 단다.

7 플라스틱 똑딱단추를 단다

1 밑단에 패턴을 대고 플라스틱 똑딱단추를 달 위치를 표시한다. 표시한 부분에 송곳으로 구멍을 뚫는다.

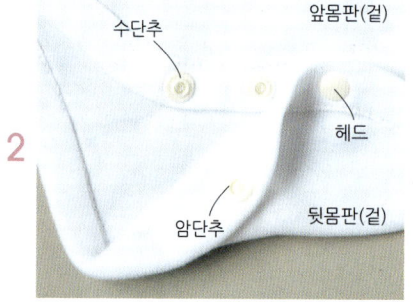

2 48쪽을 참조하여 플라스틱 똑딱단추를 단다.

C / 셔츠 / p.6, 28, 31, 32 / 실물 크기 패턴 A면

SIZE 70/80/90/100 (왼쪽 또는 위부터)

재료
겉감: 브로드클로스(100수) 110cm×100/110/115/125cm
접착심지: 35×45cm(70·80사이즈), 40×55cm(90·100사이즈)
직경 1.1cm 플라스틱 똑딱단추 × 7쌍(공통)

완성 치수
옷기장　35.5/38/41/44cm
가슴둘레　64/68/72/76cm
소매길이　24.5/26.8/29.8/32.3cm

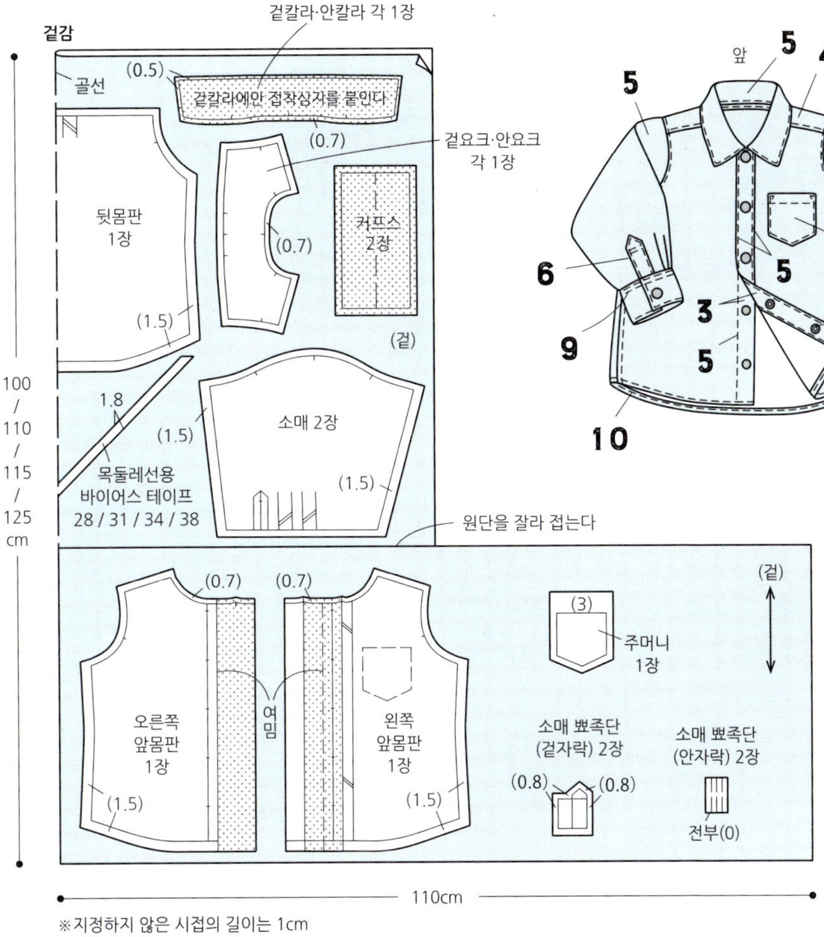

※지정하지 않은 시접의 길이는 1cm
▨ 은 안쪽에 접착심지를 붙인다
＋쉽게 설명하기 위해 실제 재료와 다른 것을 사용 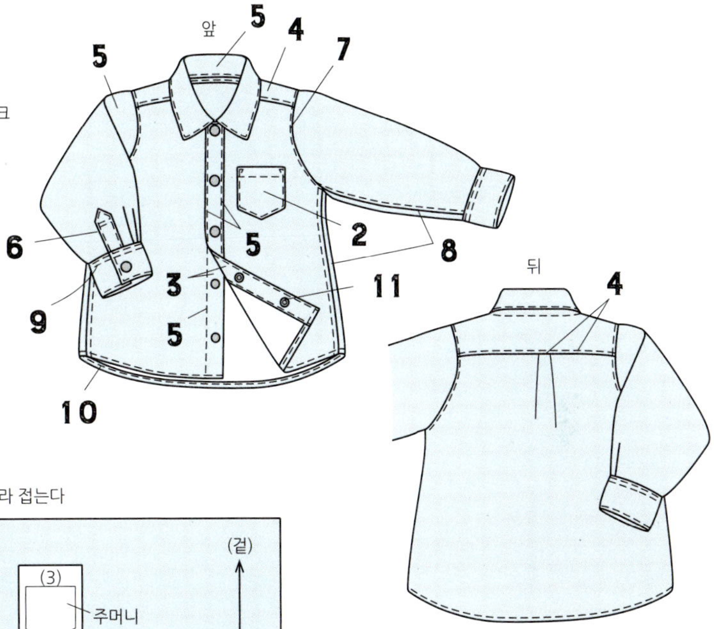

1 원단을 재단하고 접착심지를 붙인다

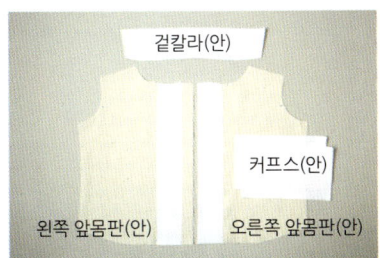

재단배치도를 참조하여 원단을 재단한다. 지정된 위치에 접착심지를 붙이고 맞춤점을 표시한다.

2 주머니를 만들어 단다

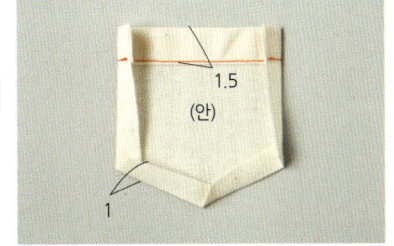

주머니 입구 부분을 세 겹이 되도록 두 번 접어 박고 주머니 입구 이외의 시접은 안쪽으로 접어 다림질한다.

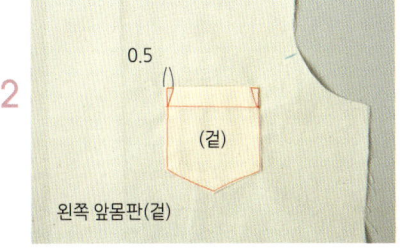

왼쪽 앞몸판에 주머니를 박는다.

3 여밈을 접는다

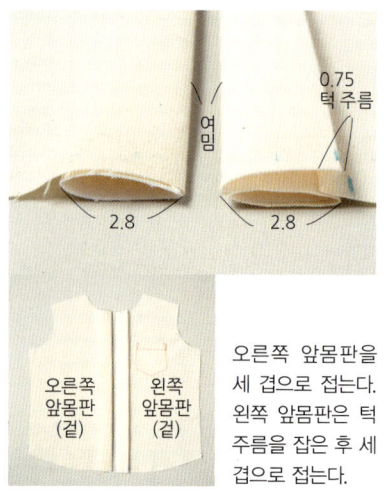

오른쪽 앞몸판을 세 겹으로 접는다. 왼쪽 앞몸판은 턱 주름을 잡은 후 세 겹으로 접는다.

4 뒷몸판의 턱 주름을 잡고 요크를 붙여 박는다

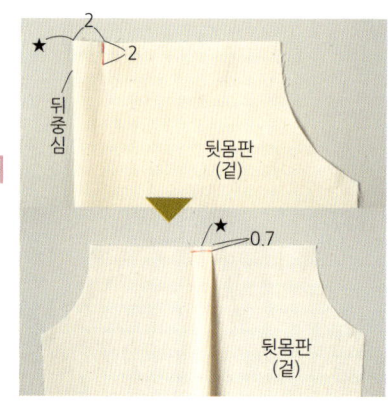

1 뒤중심을 안면끼리 맞대고 접은 후 안쪽으로 2cm만 박는다. 뒷몸판을 좌우로 벌려 턱 주름을 접은 후 시침질한다.

2 안요크에 태그를 박는다. 뒤중심과 태그의 중심을 맞추기만 하면 위치는 원하는 곳에 잡으면 된다. 태그는 달지 않아도 된다.

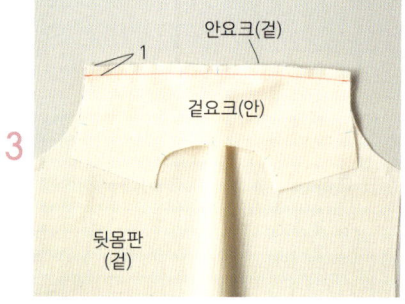

3 겉요크와 안요크를 겉면끼리 맞대고 그 사이에 뒷몸판을 끼워 박는다.

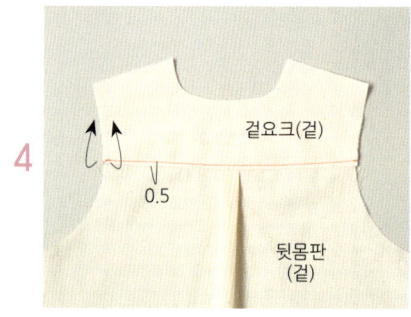

4 겉·안요크를 겉으로 뒤집고 상침한다.

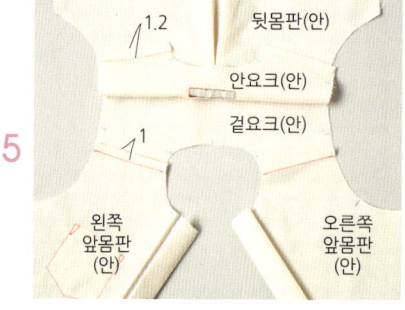

5 겉요크와 앞몸판을 겉면끼리 맞대고 박은 다음 시접은 요크 쪽으로 꺾는다. 안요크의 시접은 0.2cm 들여 넣어 1.2cm로 접는다.

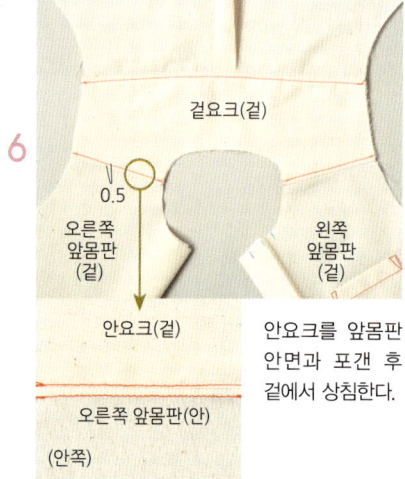

6 안요크를 앞몸판 안면과 포갠 후 겉에서 상침한다.

5 칼라를 만들어 몸판에 붙이고 여밈을 박는다

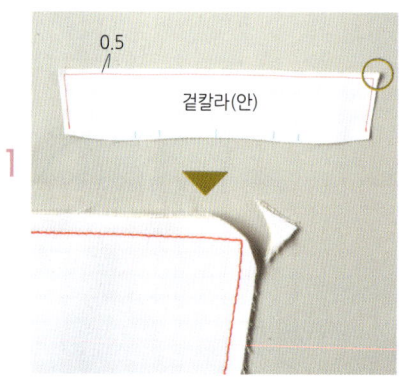

1 겉칼라와 안칼라를 겉면끼리 맞대고 박는다. 모서리의 시접은 자른다.

2 겉으로 뒤집어서 다림질하고 모서리는 송곳을 사용하여 정돈한다. 겉에서 상침한다.

PROCESS C

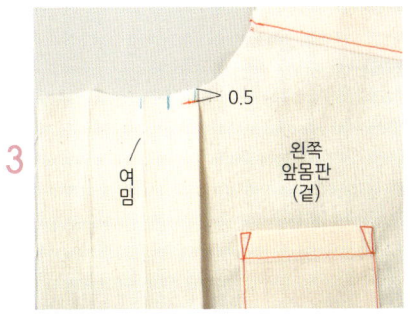

3

왼쪽 앞몸판의 턱 주름 상단만 시침질한다.

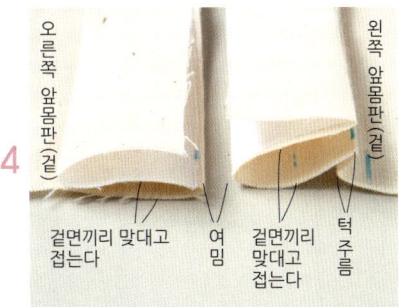

4

여밈의 세 겹으로 접은 부분을 사진처럼 겉면끼리 맞대고 접는다. 3에서 접었던 선에서 여밈을 축으로 하여 다시 접는다.

5

몸판(겉)에 겉칼라가 위로 향하게 포갠 후 여밈의 세 겹으로 접은 부분에 끼워 시침바늘로 임시 고정한다.

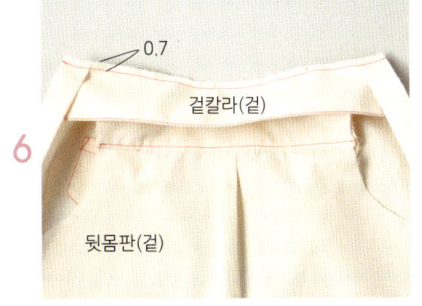

6

목둘레선을 박는다.

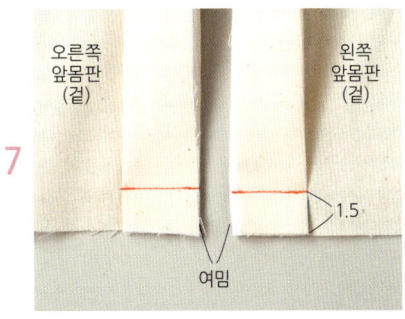

7

여밈의 아래쪽도 박는다.

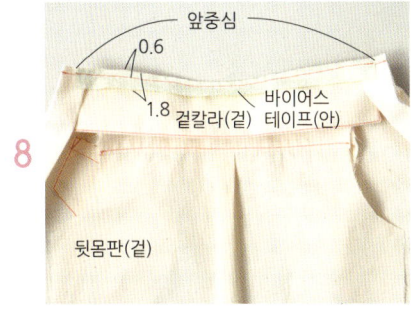

8

겉칼라 윗부분에 바이어스 테이프의 겉면을 맞대고 박는다.

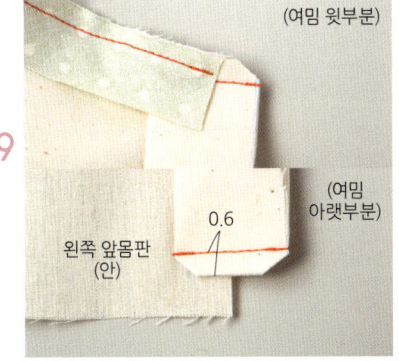

9

여밈 윗부분(좌우)과 오른쪽 앞몸판의 여밈 아랫부분 모서리를 자른다. 왼쪽 앞몸판의 여밈 아랫부분은 사진과 같이 자른다.

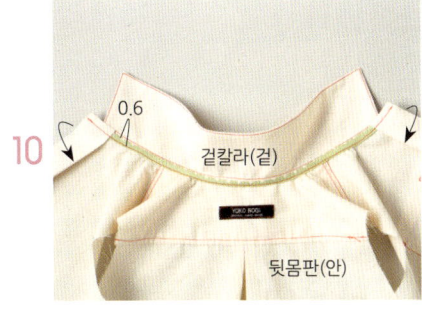

10

여밈을 겉으로 뒤집고 바이어스 테이프에 시접을 감싸 박는다.

11

여밈 부분의 밑단을 세 겹이 되게 접은 후 박는다.

6 소매를 만든다

✚ 오른쪽 소매로 설명합니다. 왼쪽 소매는 오른쪽 소매와 좌우대칭으로 똑같이 만들면 됩니다.

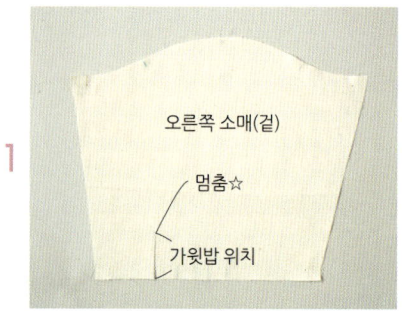

1. 소매의 트임 부분에 가윗밥을 넣는다.

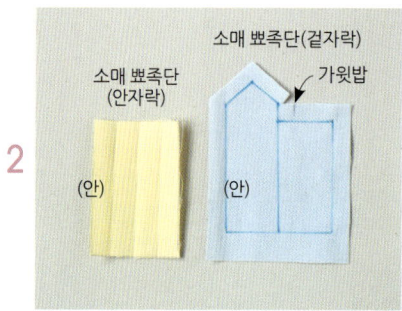

2. 소매 뾰족단 패턴을 본떠 원단을 재단한다. (안자락)은 세로로 4등분으로 접어 선을 내고 (겉자락)은 사진처럼 가윗밥을 넣는다.

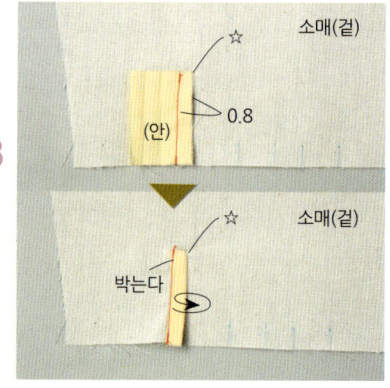

3. 소매 뾰족단(안자락)과 소매를 겉면끼리 맞대고 박는다. 소매의 가윗밥 시접을 감싸듯이 (안자락)을 접은 후 박음질한다.

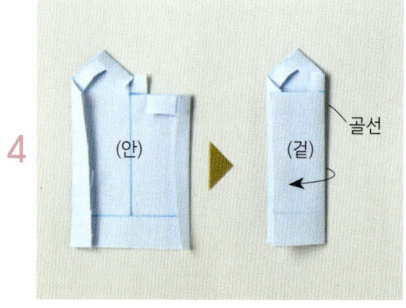

4. 소매 뾰족단(겉자락)을 접어 선을 만든다.

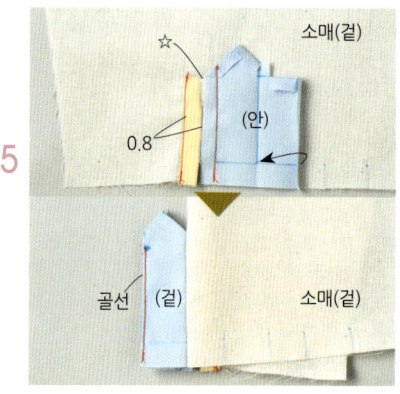

5. 소매 뾰족단(겉자락)과 소매를 겉면끼리 맞대고 박는다. (안자락)은 두고 (겉자락)을 안면끼리 맞대고 반으로 접은 후 골선 부분을 박는다.

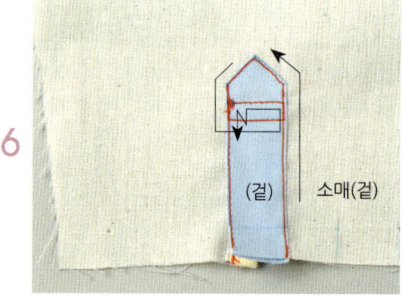

6. 소매 뾰족단(안자락)과 (겉자락)을 맞추고 (겉자락) 바깥쪽에서 상침한다.

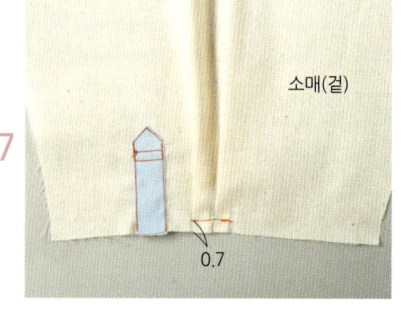

7. 소매의 턱 주름을 접어 시침질한다.

7 소매를 단다

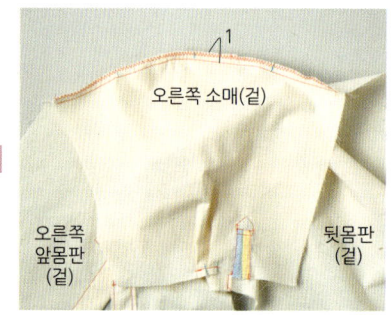

1. 몸판과 소매를 겉면끼리 맞대어 박고 시접은 2장을 함께 지그재그 패턴으로 박는다.

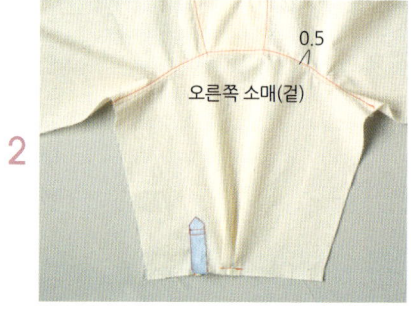

2. 시접을 몸판 쪽으로 꺾고 바깥쪽에서 상침한다.

8 옆선에서 소매 밑까지 박는다

1. 몸판과 소매를 겉면끼리 맞대고 옆선에서 소매 밑까지 박는다. 앞쪽의 시접을 0.7cm로 자른다.

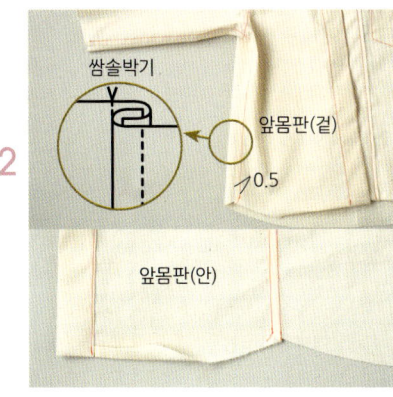

2. 뒷몸판의 시접으로 앞쪽의 시접을 감싸듯 접어서 박는다. 이것을 쌈솔박기라고 한다. 같은 방법으로 다른 쪽도 박는다.

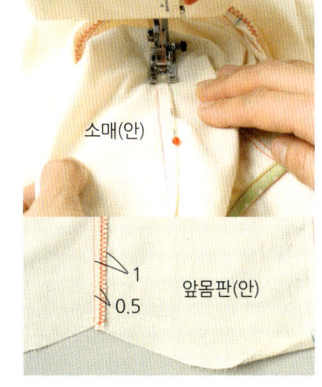

ONE POINT 원통형 모양은 재봉하기 어려운 부분 중 하나이다. 특히 작은 사이즈일수록 소맷부리 치수도 작기 때문에 재봉하기 어렵다. 이럴 때는 옆선과 소매 밑의 시접을 1cm로 잡아 지그재그 패턴으로 처리한 후 바깥쪽에서 0.5cm로 상침하면 된다.

9 커프스를 만들어 소맷부리에 단다

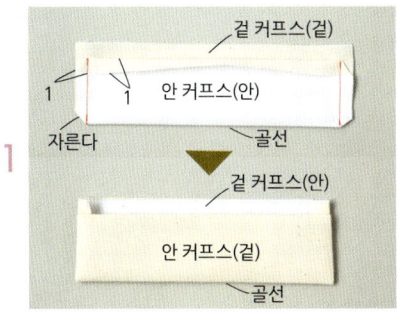

1. 안 커프스의 시접(긴 쪽)을 접는다. 커프스를 겉면끼리 맞대고 반으로 접어 양옆을 박고 모서리를 자른다. 바깥으로 뒤집어 모양을 잡으며 다림질한다.

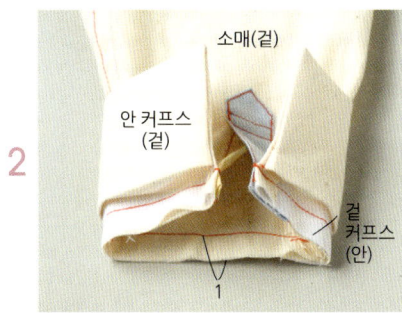

2. 소매와 겉 커프스를 겉면끼리 맞대고 박는다.

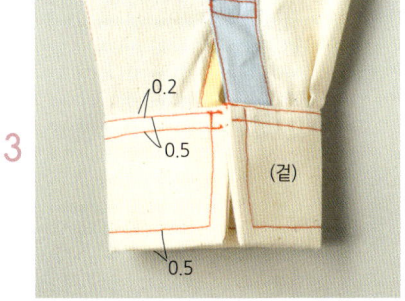

3. 커프스를 바깥으로 뒤집고 시접을 안쪽으로 넣어 주변을 상침한다.

10 밑단을 박는다

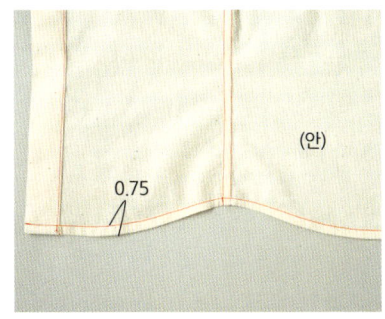

밑단을 세 겹이 되도록 접어 박는다.

11 플라스틱 똑딱단추를 단다

1. 앞중심과 커프스에 패턴을 대고 플라스틱 똑딱단추 달 위치를 표시한다. 표시한 부분은 송곳으로 뚫는다.

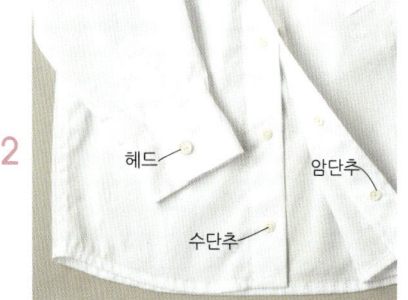

2. 48쪽을 참조하여 플라스틱 똑딱단추를 단다. 안자락에 수단추, 겉자락에 암단추를 단다.

ONE POINT
원 포인트 어드바이스

작품에 사용한 특수 소재 원단을 다루는 법과 똑딱단추 다는 방법을 소개합니다.

인조털

원단의 안쪽에 재단할 부분을 표시하고 가로로 털이 상하지 않게 천 부분만 자른다.

박음질한 후 송곳으로 털을 끄집어낸다.

방수 나일론

시침바늘을 사용하면 바늘구멍의 흔적이 남는다. 원단에는 시침 클립을 사용한다.

★ 똑딱단추 다는 법

 수단추 (볼록) — 안자락에 단다

 암단추 (오목) — 겉자락에 단다

① 매듭을 짓고 한 땀 뜬 후 단춧구멍에 실을 넣는다.

② 1 들어가고 2 나오는 순으로 고리 안으로 바늘이 빠져나가도록 한다.

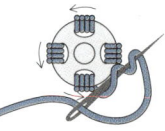

③ 모든 구멍에 땀을 넣고 구멍 가장자리에서 매듭을 짓는다.

④ 똑딱단추 아래를 한 땀 뜬 후 실을 자른다.

★ 가시도트단추 다는 법

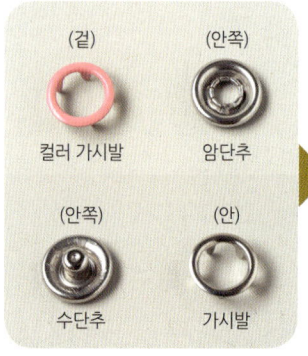

(겉) 컬러 가시발 / (안쪽) 암단추 / (안쪽) 수단추 / (안) 가시발

① 안면으로 가시발이 나오게 한다.

② 암단추(혹은 수단추)를 가시발에 맞춰 올려놓는다.

③ 가시도트 기구를 맞추고 망치로 위에서 수직으로 2~3번 두드린다.

(겉) 컬러 가시발 / (안쪽) 암단추 / (안쪽) 수단추 / (안) 가시발

★ 플라스틱 똑딱단추 다는 법

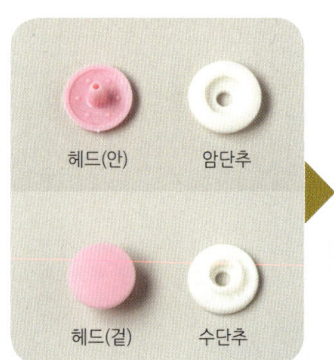

헤드(안) / 암단추 / 헤드(겉) / 수단추

플라스틱 똑딱단추를 달기 위해서는 똑딱단추 기구가 필요

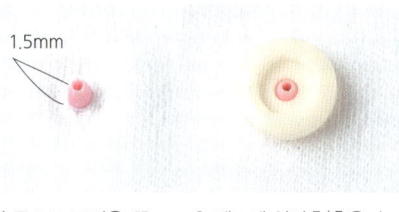

① 송곳으로 구멍을 뚫은 후 원단의 겉에서 안쪽으로 헤드를 끼운다.

② 헤드에 암단추(혹은 수단추)를 올려놓는다.

③ 똑딱단추 기구의 아래쪽 오목한 부분에 헤드의 곡선 부분을 정확히 맞춰 지그시 누른다.

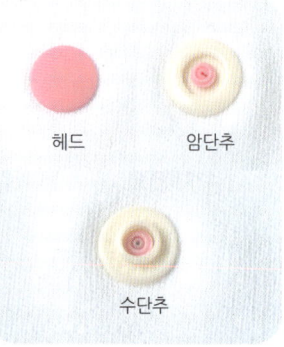

헤드 / 암단추 / 수단추

HOW TO MAKE

이 책에는 남녀공용 아이템이 많습니다.
셔츠나 카디건 등의 트임이 있는 옷은
여밈의 방향을 원하는 대로 바꿔서도 됩니다.

★ 재단배치도와 치수 ★

- 만드는 방법 페이지에 표기된 재료와 치수는 왼쪽 또는 위부터 70/80/90/100사이즈를 나타낸다.
- 재단배치도는 일부를 제외하고는 90사이즈를 나타낸다. 다른 사이즈는 위치가 다소 어긋날 수 있다.
- 직선 부분으로 재단배치도에 치수가 적혀 있지 않은 것은 패턴이 없으므로 원단에 직접 선을 그어 재단한다.
- 무늬가 있는 원단을 사용할 때는 무늬를 맞춰야하므로 표기된 치수보다 넉넉하게 준비한다.
- 고무줄 길이는 기준치이다. 아이의 체형에 맞춰 조정한다.
- 단위는 모두 cm로 표시했다.

★ 사이즈 선택 ★

이 책에서는 작품별로 사이즈를 실었다.
예를 들어 70/80/90/100사이즈로 표기된 것은 70과 80과 90과 100의 네 가지 사이즈, 70·80/90·100사이즈는 70·80 공통과 90·100 공통의 두 가지 사이즈이다. 치수표를 참고하여 아이의 체형에 맞게 사이즈를 고른다.

〈모델의 키 / 착용 사이즈〉
작은 여자아이 76cm / 70사이즈
큰 여자아이 95cm / 90사이즈
남자아이 90cm / 90사이즈

〈치수표〉

사이즈	70	80	90	100
키	65~75cm	75~85cm	85~95cm	95~100cm
월령 기준	3~10개월	11~18개월	2세	3세

★ 측정 위치 ★

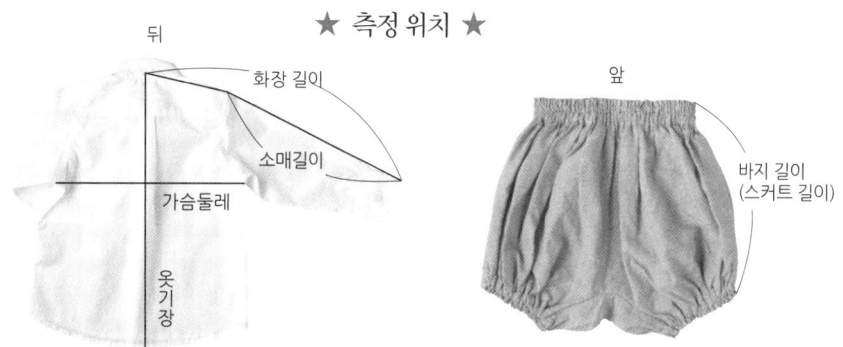

B / 보디 슈트·반소매 / p.12 / 실물 크기 패턴 A면

SIZE 70/80 (왼쪽부터)

재료

원단 치수·재료는 70·80 사이즈 공통
겉감: 면 스무드 90cm × 80cm
지름 0.9cm 플라스틱 똑딱단추 × 5쌍
니트 바인딩 테이프 1cm × 40cm(목둘레선), 1.5cm × 80cm(밑단)
늘어남 방지 테이프 0.9cm × 40cm(어깨), 1.2cm × 80cm(밑단)
헤링본 테이프(능직 테이프) 1.8cm × 20cm
※니트용 실과 니트용 바늘을 사용

완성 치수

옷기장　39/44cm
가슴둘레　52/56cm
소매길이　9.7/11.7cm

재봉 순서

1 원단을 재단하고 늘어남 방지 테이프를 붙인다.
2 왼쪽 어깨선에 헤링본 테이프를 단다.
3 오른쪽 어깨선을 박는다.
4 목둘레선에 니트 바인딩 테이프를 단다.
5 왼쪽 어깨선을 맞추고 소매를 단다.
6 소매 밑 부분에서 옆선까지 박는다.
7 소맷부리를 박는다.
8 밑단에 니트 바인딩 테이프를 단다.
9 플라스틱 똑딱단추를 단다.

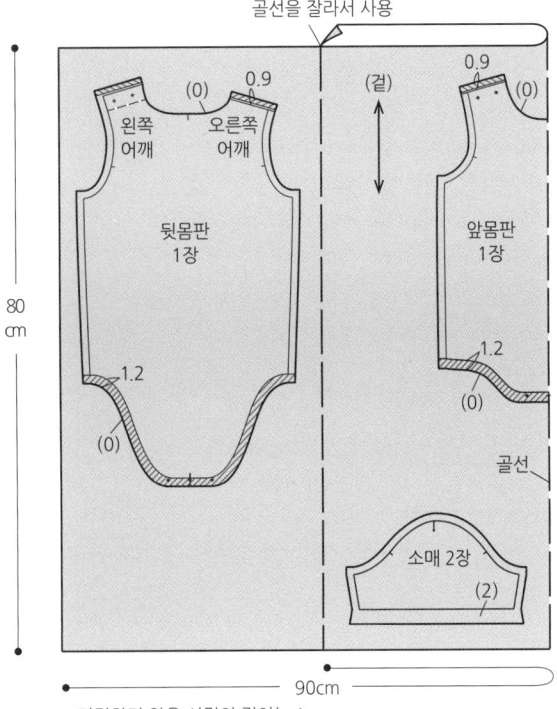

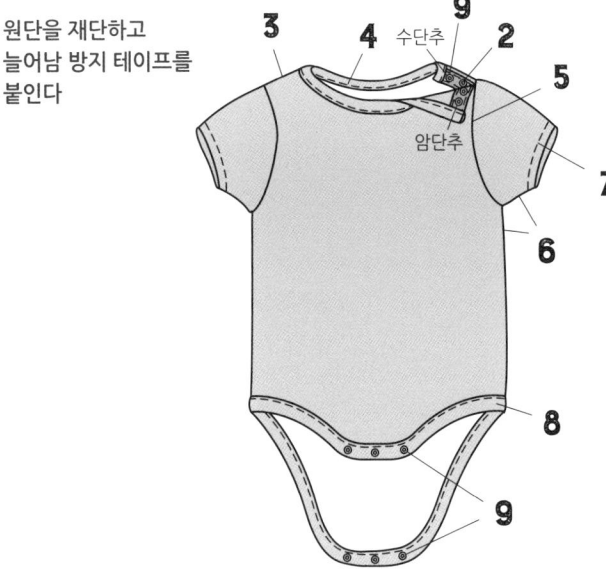

1 원단을 재단하고 늘어남 방지 테이프를 붙인다

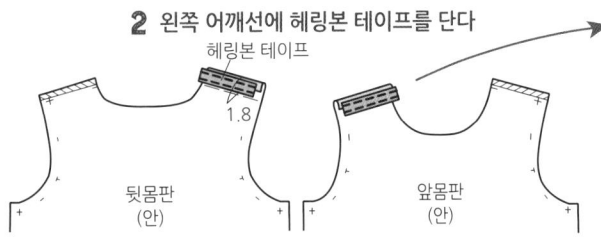

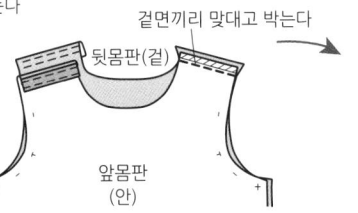

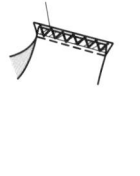

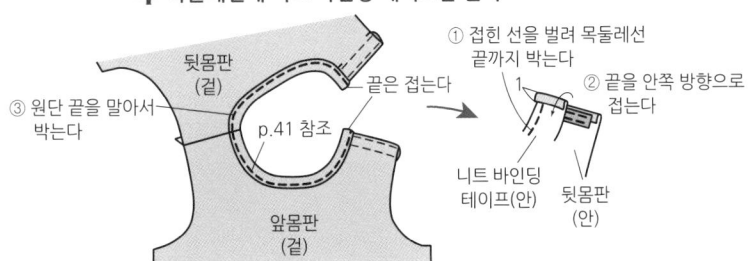

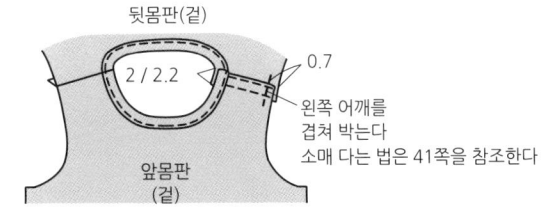

D / 블라우스 / p.20 / 실물 크기 패턴 A면

SIZE 70/80/90/100 (왼쪽 또는 위부터)

재료
겉감: 브로드클로스(100수) 110cm × 90/90/95/100cm
접착심지: 35 × 45cm(70·80 사이즈), 40 × 55cm(90·100 사이즈)
지름 1.1cm 플라스틱 똑딱단추 × 5쌍

완성 치수
옷기장　35.5/38/41/44cm
가슴둘레　64/68/72/766cm
소매길이　10.2/11/12/13.5cm

재봉 순서
1 원단을 재단하고 접착심지를 붙인다.
2 뒷몸판에 주름을 잡는다.
3 여밈을 접는다.
4 요크를 박는다.
5 칼라를 만들어 몸판에 달고 여밈을 박는다.
6 옆선을 박는다.
7 소맷부리용 바이어스 테이프를 만든다.
8 소매를 만든다.
9 소매를 단다.
10 밑단을 박는다.
11 플라스틱 똑딱단추를 단다.

1 원단을 재단하고 접착심지를 붙인다

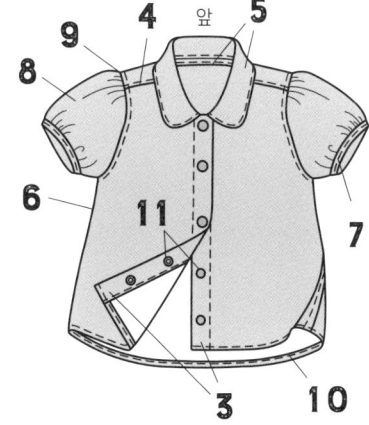

※지정하지 않은 시접의 길이는 1cm
▓ 은 안쪽에 접착심지를 붙인다

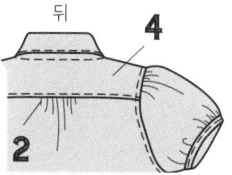

3 여밈을 접는다(안자락·겉자락 모두 세 겹 접는다) ― p.44 참조
4 요크를 박는다
5 칼라를 만들어 몸판에 달고 여밈을 박는다 ― p.44·45 참조
6 옆선을 박는다(쌈솔박기)
10 밑단을 박는다(세 겹이 되도록 접는다) ― p.47 참조
11 플라스틱 똑딱단추를 단다

2 뒷몸판에 주름을 잡는다

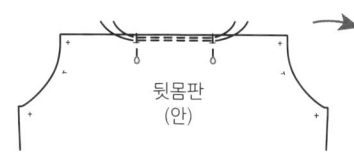

주름 끝점 부분에 4~5mm의 성긴 땀으로 2줄을 박아 주름을 잡는다

7 소맷부리용 바이어스 테이프를 만든다

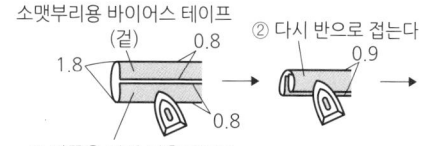

① 양끝을 접어 선을 만든다
② 다시 반으로 접는다
③ 접은 선을 펴서 겉면끼리 맞대고 원형으로 만든다

바이어스 테이프의 길이
(시접 1cm 포함)

사이즈	길이
70	21.5
80	22.5
90	23.5
100	24.5

8 소매를 만든다

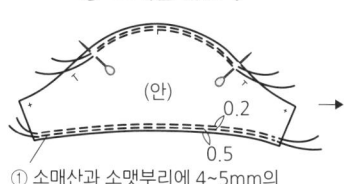

① 소매산과 소맷부리에 4~5mm의 성긴 땀으로 2줄 직선박기를 한다

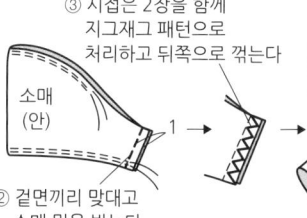

② 겉면끼리 맞대고 소매 밑을 박는다
③ 시접은 2장을 함께 지그재그 땀으로 처리하고 뒤쪽으로 꺾는다

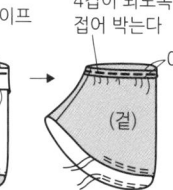

④ 소맷부리에 주름을 잡고 소맷부리용 바이어스 테이프를 박는다
⑤ 시접을 감싸듯 4겹이 되도록 접어 박는다

9 소매를 단다

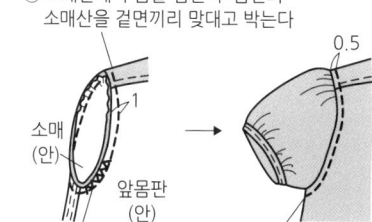

① 소매산에 주름을 잡은 후 몸판과 소매산을 겉면끼리 맞대고 박는다
② 2장을 함께 지그재그 땀으로 처리하고 몸판 쪽으로 꺾는다
③ 겉으로 뒤집어 상침한다

E1·E2·E3 / 벌룬 팬츠 / p.12, 17, 26, 33 / 실물 크기 패턴 A면

SIZE 70·80/90·100 (왼쪽부터)

재료

E1 : 리넨 거즈 112cm × 100cm(전 사이즈 공통)

E2, E3 : 물세탁 가능한 론
    144cm × 100cm(전 사이즈 공통)

고무줄 0.6cm × 124/136cm

완성 치수

바지 길이   23.5/25.5cm
허리둘레(고무줄) 38/42cm

재봉 순서

1 뒤중심을 박는다.
2 옆선을 박는다.
3 밑아래를 박는다.
4 허리를 박는다.
5 밑단을 박는다.
6 허리와 밑단에 고무줄을 끼운다.

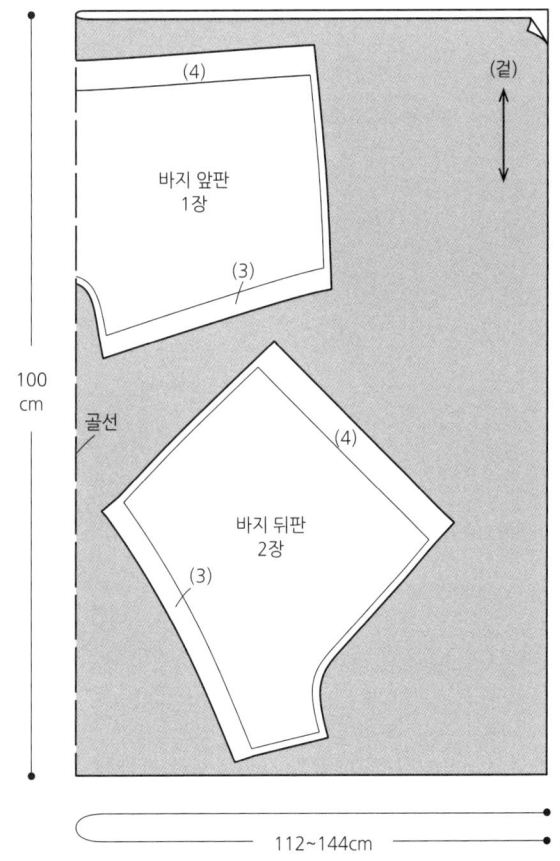
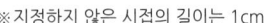
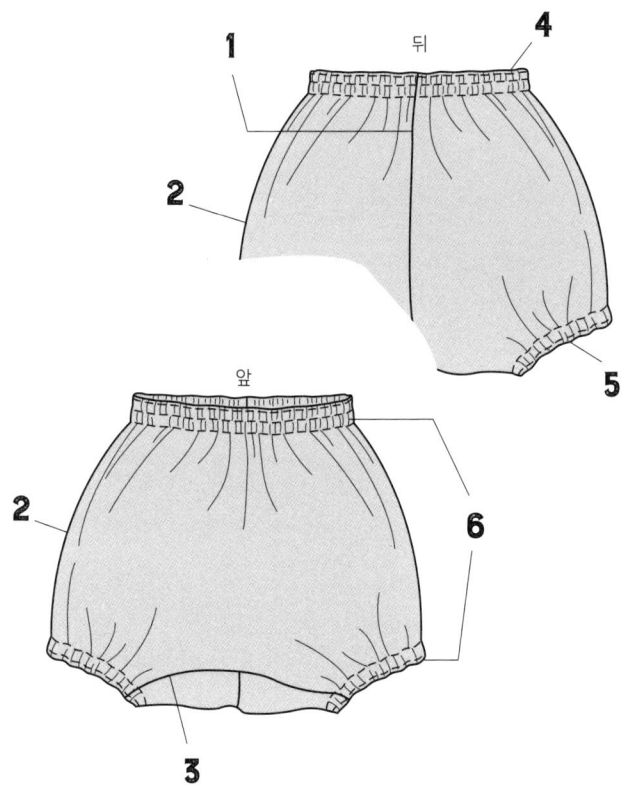

※지정하지 않은 시접의 길이는 1cm

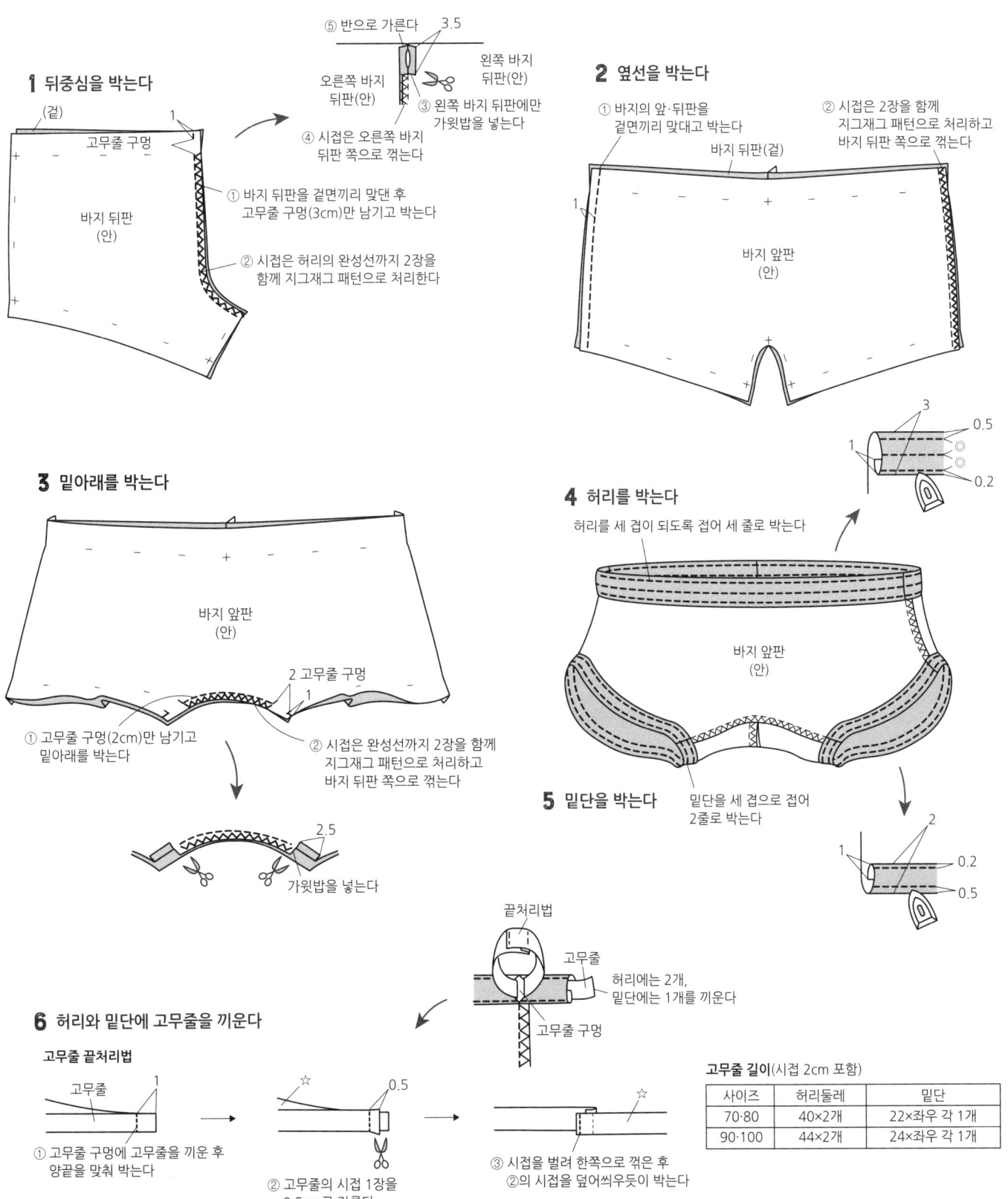

F / 튤 스커트 / p.16 / 실물 크기 패턴 A면

SIZE 70·80 / 90·100 (왼쪽 또는 위부터)

재료
겉감: 튤 110cm × 95/110cm
안감: 폴리에스테르 조젯 110cm × 60/65cm
바이어스 테이프: 면 론 110cm × 40cm (전 사이즈 공통)
고무줄 1cm × 42/46cm

완성 치수
스커트 길이   21.8 / 25.8cm
허리둘레(고무줄)   40 / 44cm

재봉 순서
1. 안감으로 스커트를 만든다.
2. 겉감으로 스커트를 만든다.
3. 스커트 겉감·안감에 주름을 잡는다.
4. 허리용 바이어스 테이프를 만든다.
5. 스커트에 바이어스 테이프를 박음질해 단다.
6. 리본을 만든다.

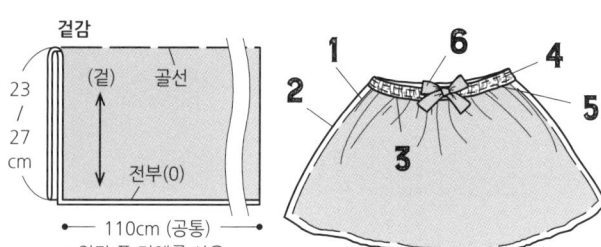

1 안감으로 스커트를 만든다

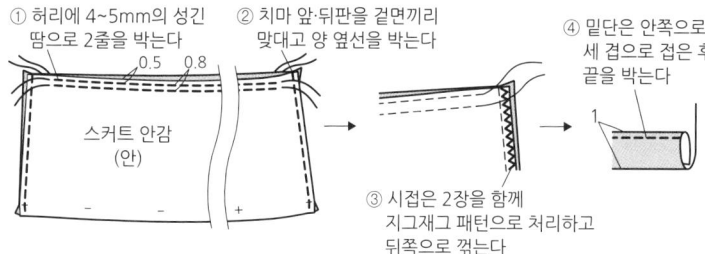

2 겉감으로 스커트를 만든다

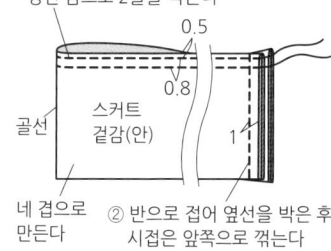

3 스커트 겉감·안감에 주름을 잡는다

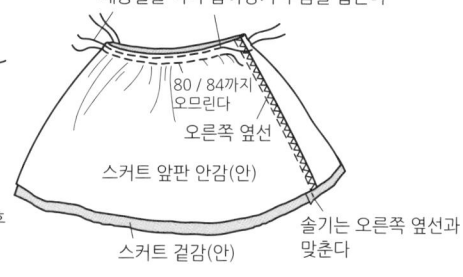

4 허리용 바이어스 테이프를 만든다

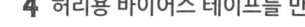

허리용 바이어스 테이프 길이
(시접 2cm 포함)

사이즈	길이
70·80	82
90·100	86

5 스커트에 바이어스 테이프를 박음질해 단다

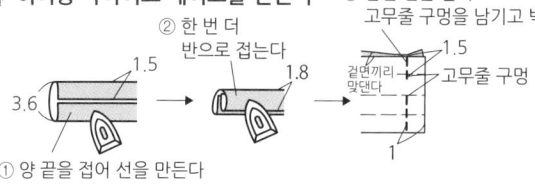

스커트 겉감의 길이

사이즈	길이
70·80	20
90·100	24

고무줄 길이
(시접 2cm 포함)

사이즈	길이
70·80	42
90·100	46

6 리본을 만든다

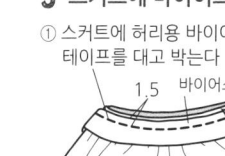

G / 레깅스 / p.10, 11 / 실물 크기 패턴 B면

SIZE 70/80/90/100 (왼쪽 또는 위부터)

재료
겉감: 스무드160cm × 50/55/60/65cm
고무줄 1.5cm × 40/42/44/46cm
※니트용 실과 니트용 바늘을 사용

완성 치수
바지 길이   39/43/47.5/53cm
허리둘레(고무줄)   37/39/41/43cm

재봉 순서
1. 밑위를 박는다.
2. 밑아래를 박는다.
3. 허리를 박는다.
4. 밑단을 박는다.
5. 고무줄을 끼운다.

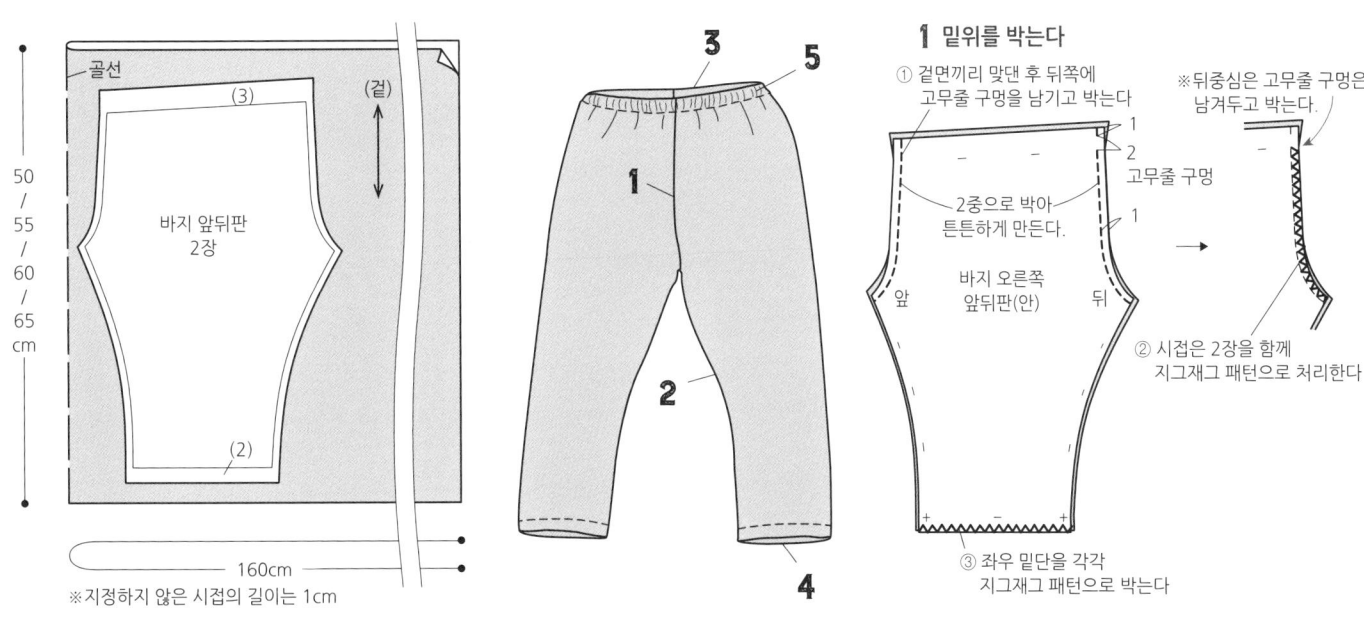

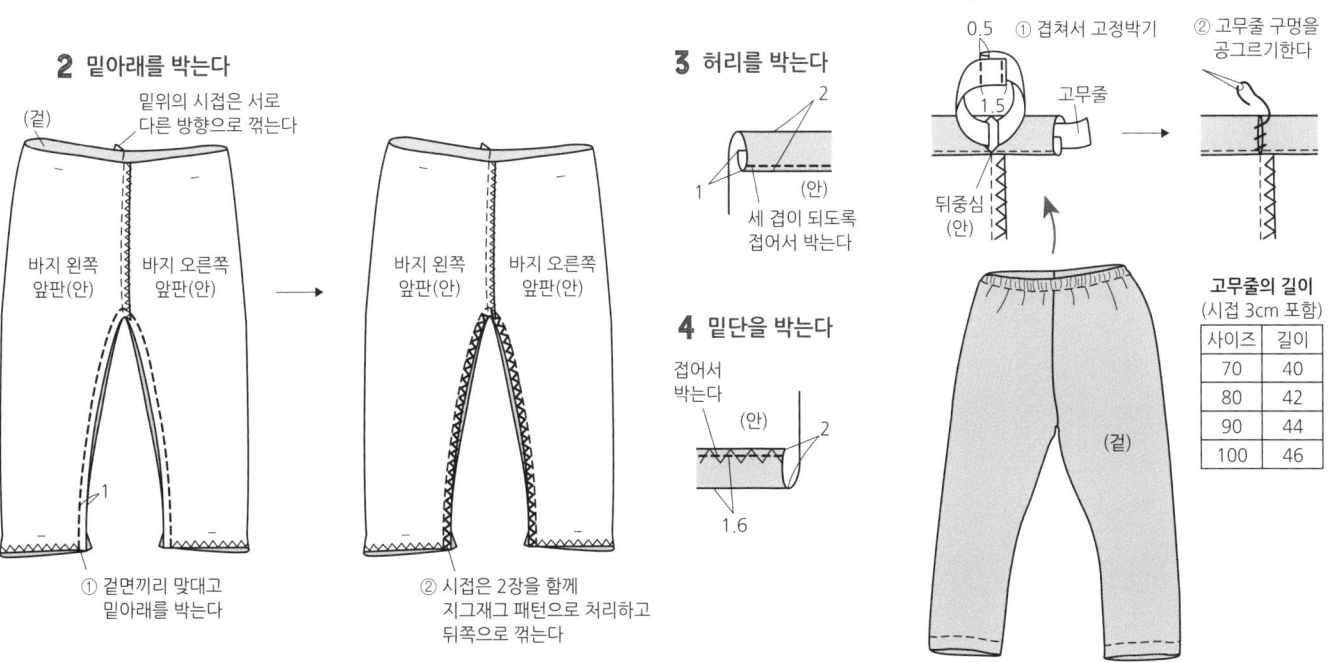

사이즈	길이
70	40
80	42
90	44
100	46

고무줄의 길이 (시접 3cm 포함)

H / 치노 팬츠 / p.21, 22, 28   I / 반바지 / p.6, 20 / 실물 크기 패턴 B면

SIZE 80/90/100 (왼쪽 또는 위부터)

재료
※겉감 이외에는 H·I 공통
겉감: H 스트레치 치노 110cm × 75/80/85cm
　　　I 데님 110cm × 55/60/65cm
앞주머니 손등 감: 프린트 면 40 × 25cm(전 사이즈 공통)
접착심지: 10 × 25cm(전 사이즈 공통)
지름 1.7cm 청바지 단추 × 1개
고무줄 2cm × 39/41/43cm

완성 치수
H 바지 길이　46.5/50/54.5cm
I 바지 길이　23.5/26/29.5cm
허리둘레(고무줄)　36/38/40cm(공통)

재봉 순서
1. 원단을 재단하고 접착심지를 붙인다.
2. 뒷주머니를 만든다.
3. 바지 뒤판에 뒷주머니를 박는다.
4. 바지 뒤판을 박는다.
5. 바지 앞판에 주머니를 단다.
6. 안단을 단다.
7. 밑아래를 박는다.
8. 양 옆선을 박는다.
9. 허리를 박는다.
10. 밑단을 박는다.
11. 고무줄을 끼우고 단추를 단다.

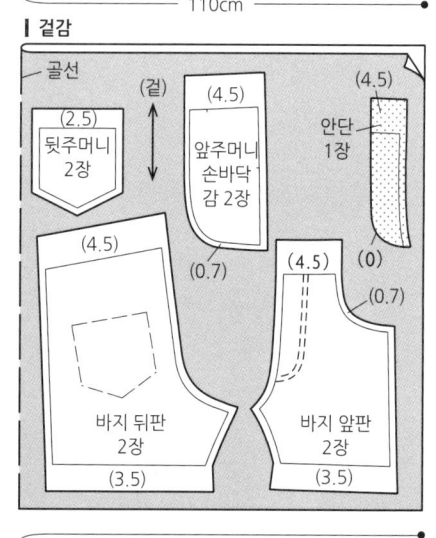

1 원단을 재단하고 접착심지를 붙인다

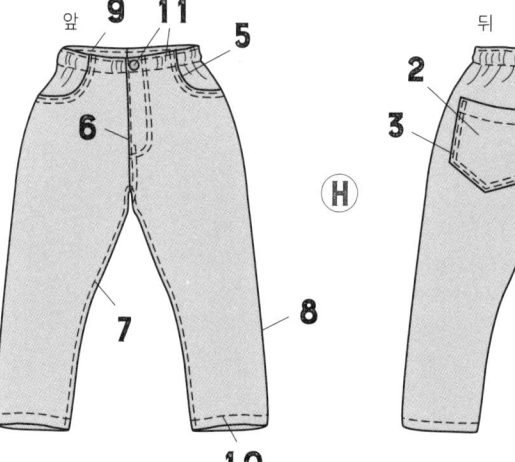

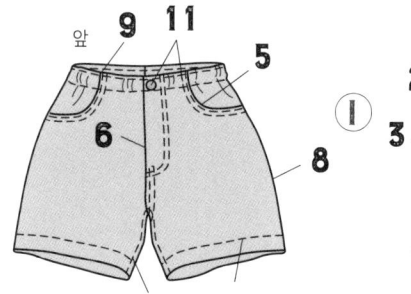

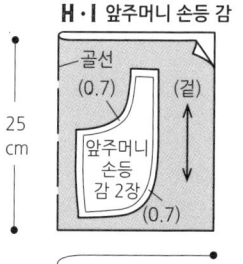
H·I 앞주머니 손등 감

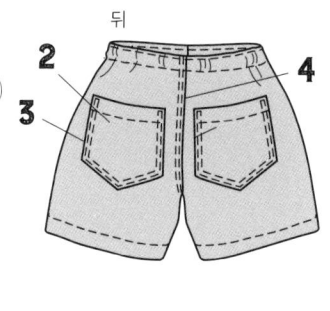

2 뒷주머니를 만든다
① 주머니 입구를 세 겹이 되도록 접어서 끝을 박는다
② 시접을 뒤로 꺾어 다림질하여 접는다

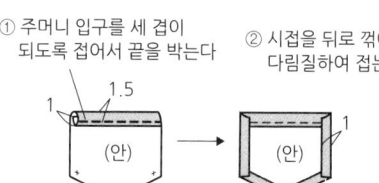

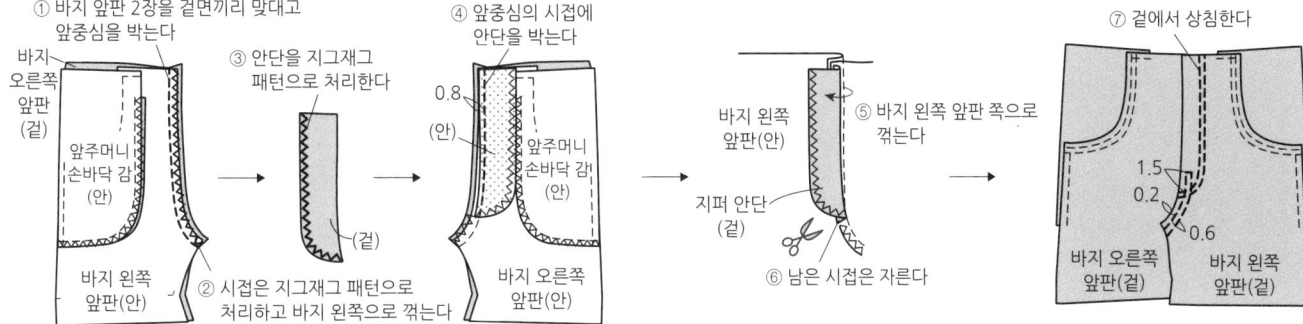
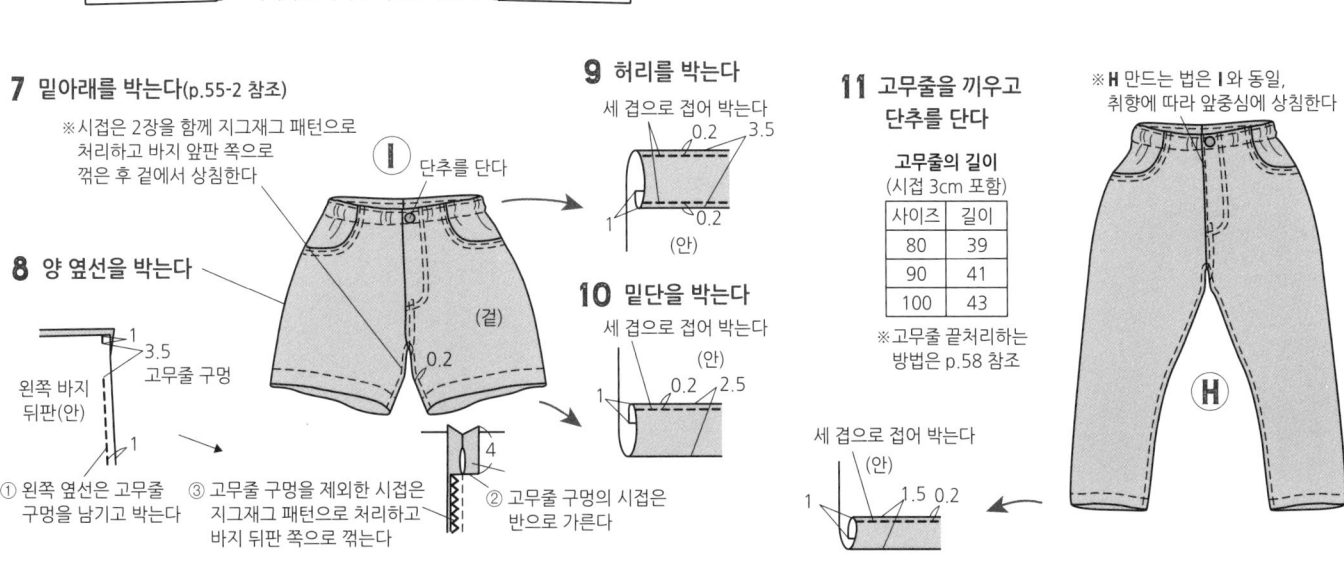

J / 치노 스커트 / p.6, 31, 32 / 실물 크기 패턴 B면

SIZE 80/90/100 (왼쪽 또는 위부터)

재료
겉감: 스트레치 치노 110cm × 50/55/60cm
앞주머니 손등 감: 프린트 면 40 × 25cm(전 사이즈 공통)
접착심지: 10 × 25cm(전 사이즈 공통)
지름 1.7cm 청바지 단추 × 1개
고무줄 2cm × 39/41/43cm

완성 치수
스커트 길이   22.5/26/30cm
허리둘레(고무줄)   36/38/40cm

재봉 순서
1. 원단을 재단하고 접착심지를 붙인다.
2. 뒷주머니를 만든다.
3. 스커트 뒤판에 뒷주머니를 박는다.
4. 스커트 앞판에 앞주머니를 단다.
5. 안단을 단다.
6. 양 옆선을 박는다.
7. 허리를 박는다.
8. 밑단을 박는다.
9. 고무줄을 끼우고 단추를 단다.

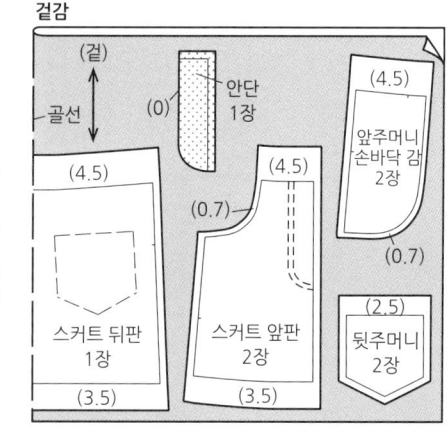

※지정하지 않은 시접의 길이는 1cm
▒ 은 안쪽에 접착심지를 붙인다

1 원단을 재단하고 접착심지를 붙인다

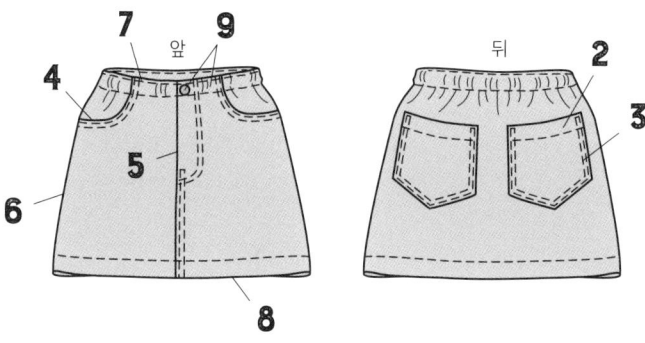

2 뒷주머니를 만든다(p.56 참조)
3 스커트 뒤판에 뒷주머니를 박는다
4 스커트 앞판에 앞주머니를 단다
6 양 옆선을 박는다
7 허리를 박는다

p.57 참조

5 안단을 단다

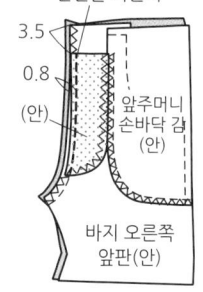

④ 앞중심의 시접에 안단을 박는다

※①~③·⑤~⑦은 p.57-6 참조

8 밑단을 박는다
세 겹으로 접어서 박는다

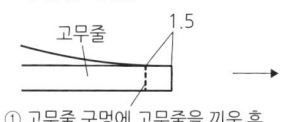

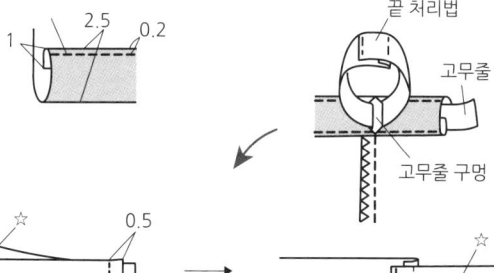

끝 처리법

9 고무줄을 끼우고 단추를 단다
고무줄 끝 처리법

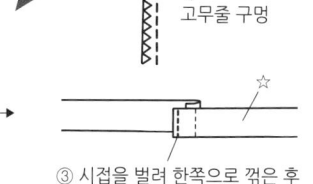

① 고무줄 구멍에 고무줄을 끼운 후 양끝을 맞춰 박는다
② 고무줄의 시접 1장을 0.5cm로 자른다
③ 시접을 벌려 한쪽으로 꺾은 후 ②의 시접을 덮어씌우듯이 박는다

고무줄의 길이
(시접 3cm 포함)

사이즈	길이
80	39
90	41
100	43

X / 단추 장식 턱받이 / p.12 / 실물 크기 패턴 D면

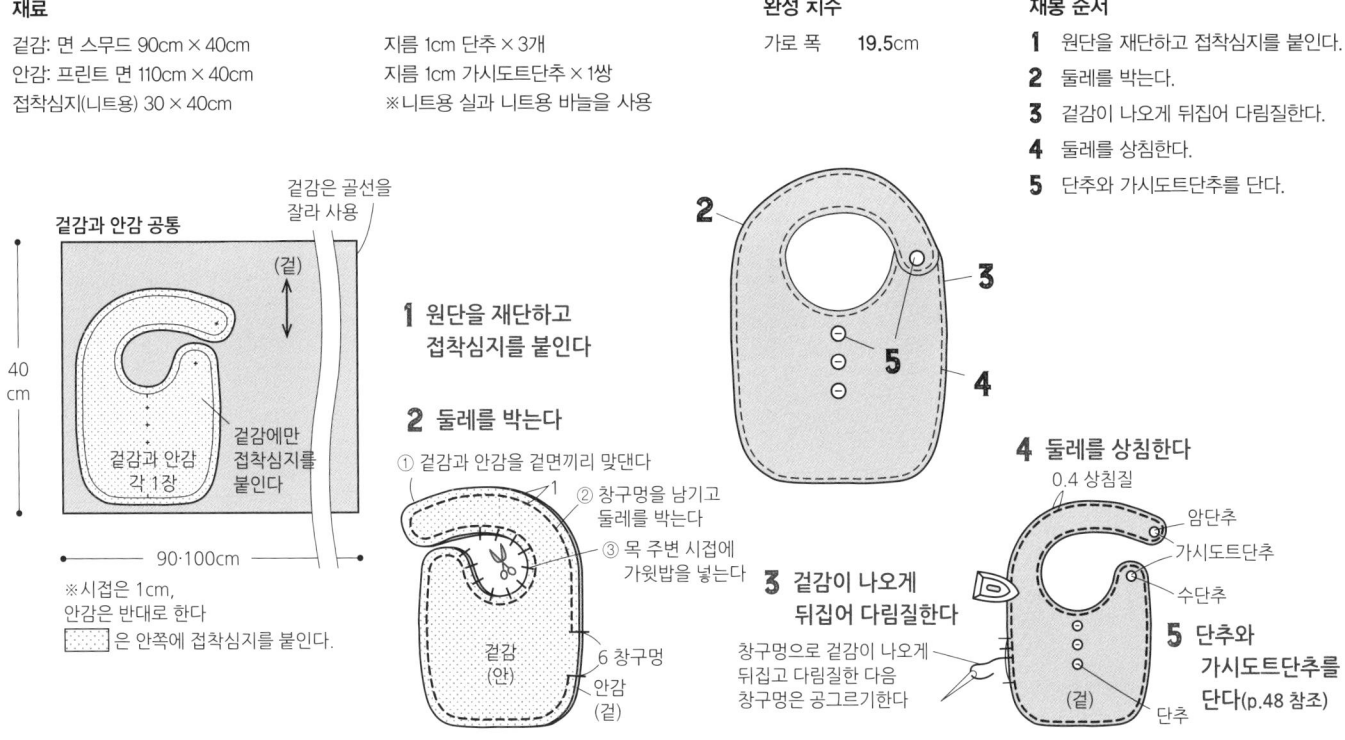

Y / 둥근 턱받이 / p.13, 17, 33 / 실물 크기 패턴 D면

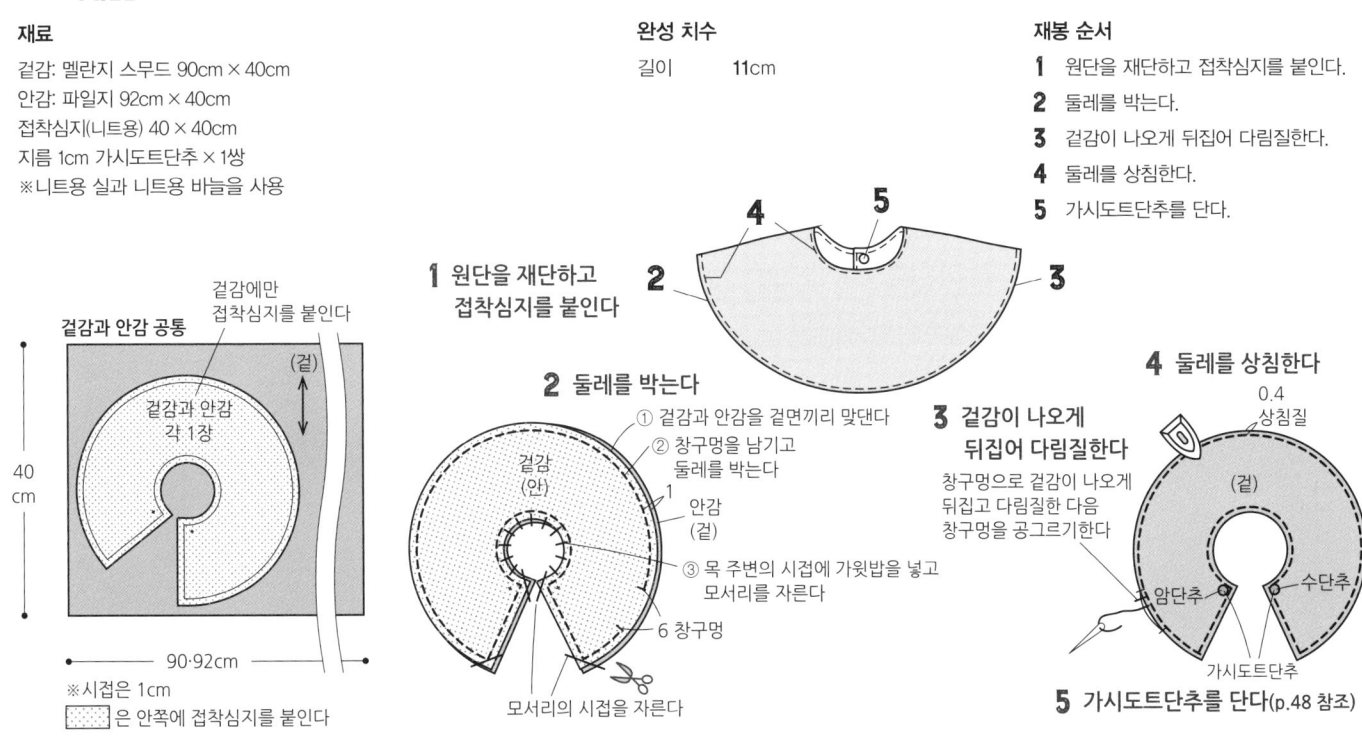

K1·K2 / A라인 에이프런 드레스 / p.26 / 실물 크기 패턴 B면

SIZE 70·80/90·100 (왼쪽 또는 위부터)

재료
겉감: 11호 캔버스 110cm × 50/70cm
안감: 면 론 110cm × 50/70cm
지름 2.5cm 단추 × 1개
벨크로 테이프 2.5cm × 10cm

완성 치수
옷기장 **38/43cm**
가슴둘레 **58/64cm**

재봉 순서
1. 겉감과 안감의 어깨선을 각각 박는다.
2. 겉감과 안감을 겉면끼리 맞대고 진동둘레선을 박는다.
3. 뒤판 밑단에서부터 목둘레선까지 이어 박는다.
4. 시접을 정리한다.
5. 옆선을 박는다.
6. 밑단을 박는다.
7. 마무리한다.

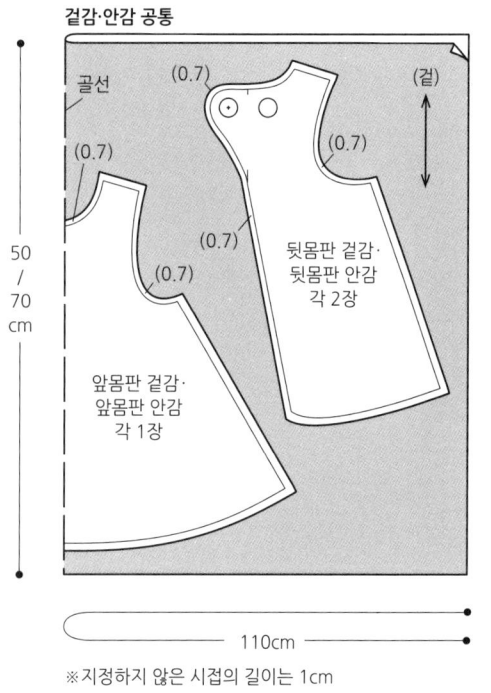

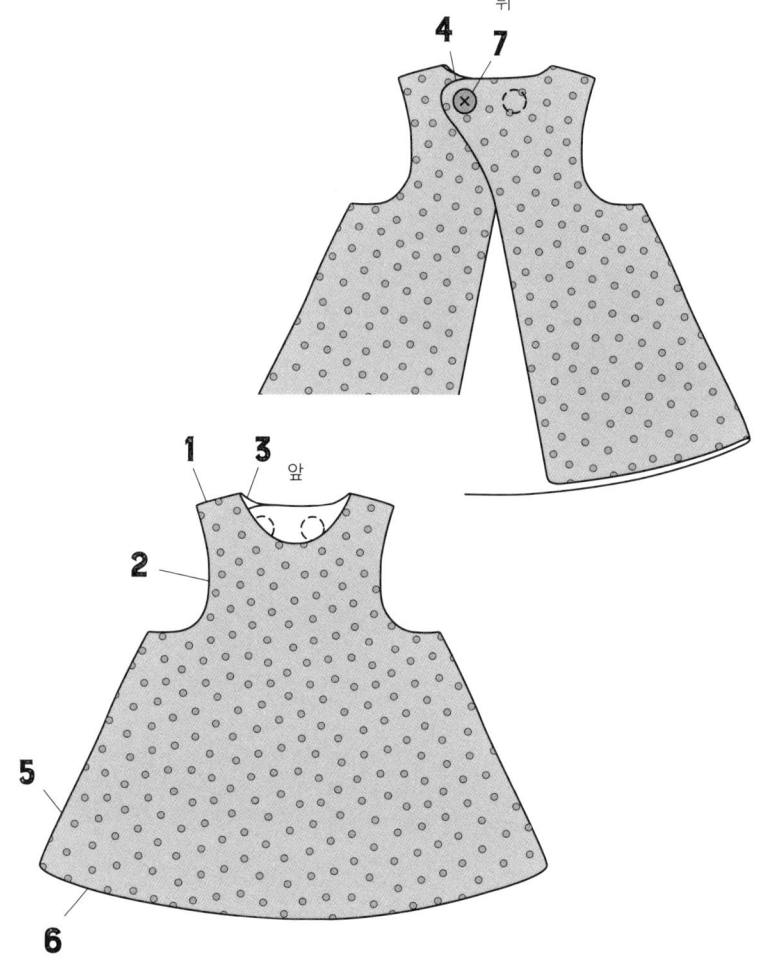

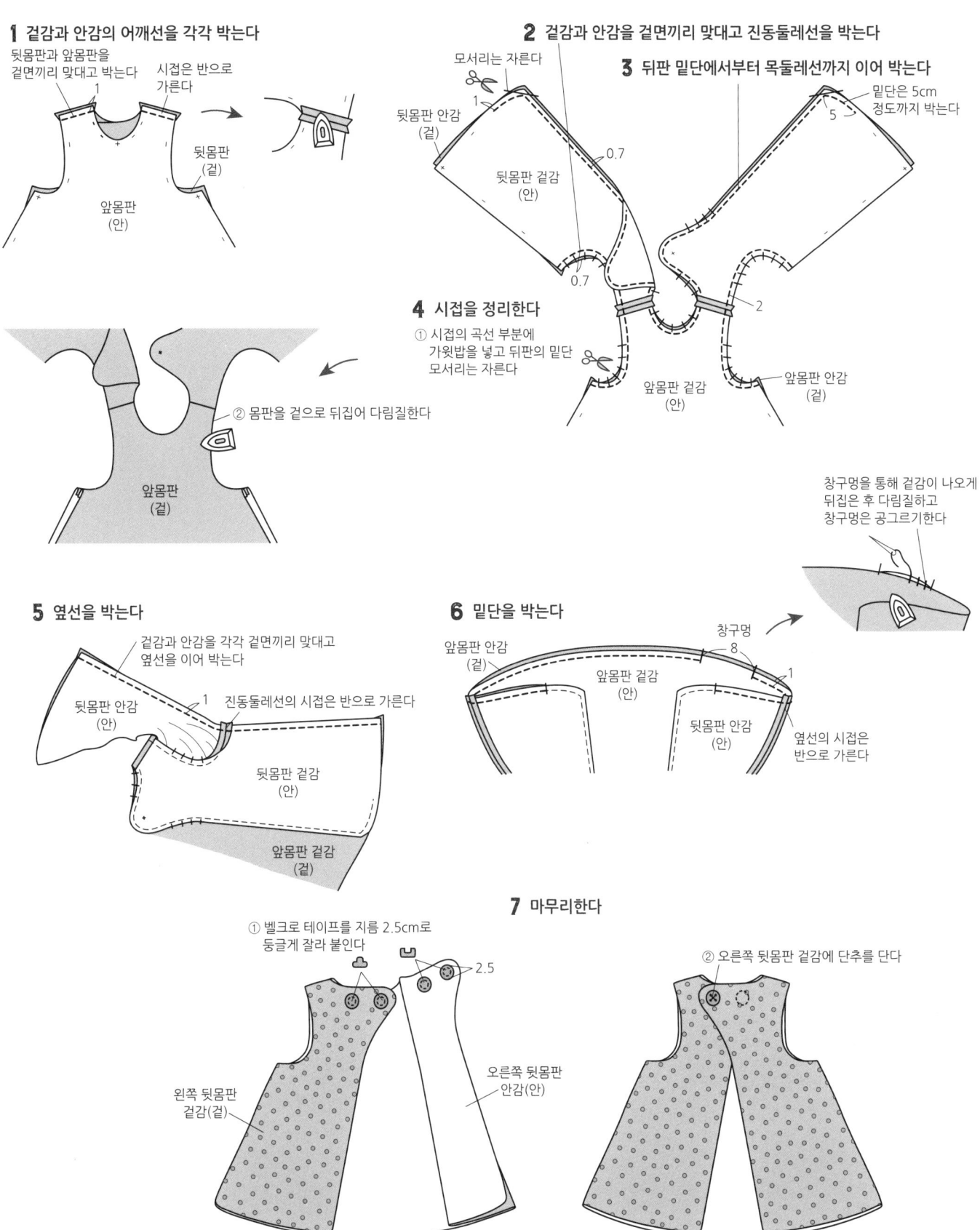

L / 투웨이 카슈쾨르 에이프런 드레스 / p.9 / 실물 크기 패턴 B면

SIZE 70·80/90·100 (왼쪽 또는 위부터)

재료
겉감·안감: 컬러 리넨 110cm × 150/165cm
지름 1cm 가시도트단추 × 3쌍

완성 치수
앞 기장   34.5/39.5cm
가슴둘레 56.5/64.5cm

재봉 순서
1. 어깨선을 박는다.
2. 목둘레선과 진동둘레선을 박는다.
3. 옆선을 박는다.
4. 스커트를 만든다.
5. 몸판과 스커트를 박는다.
6. 몸판 둘레를 상침한다.
7. 밑단을 박는다.
8. 가시도트단추를 단다.

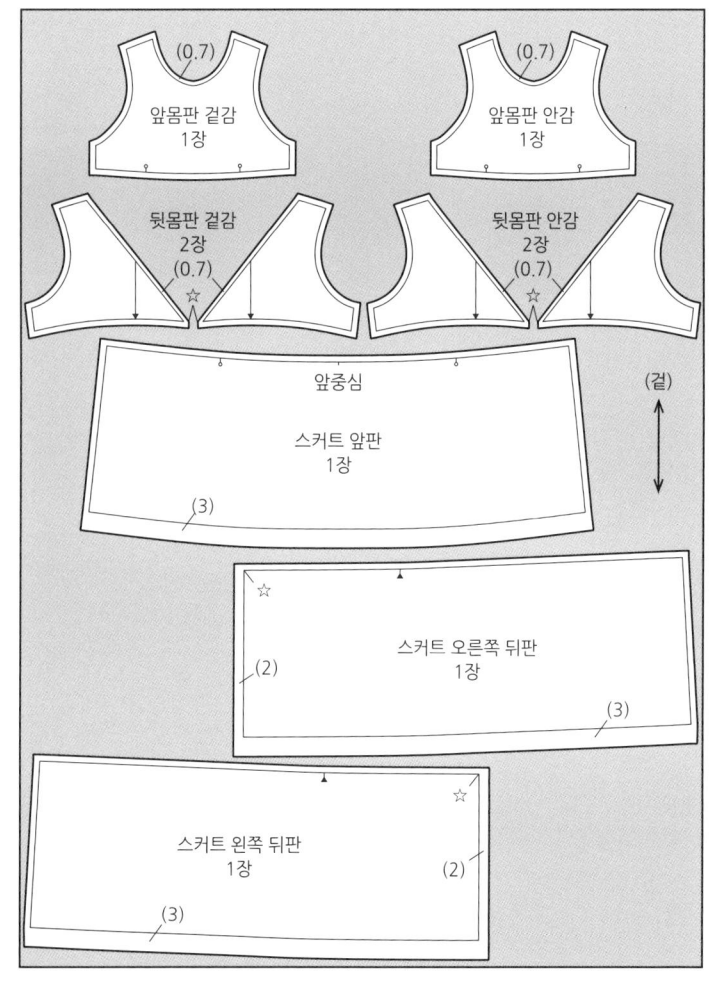

※지정하지 않은 시접의 길이는 1cm

1 어깨선을 박는다

2 목둘레선과 진동둘레선을 박는다

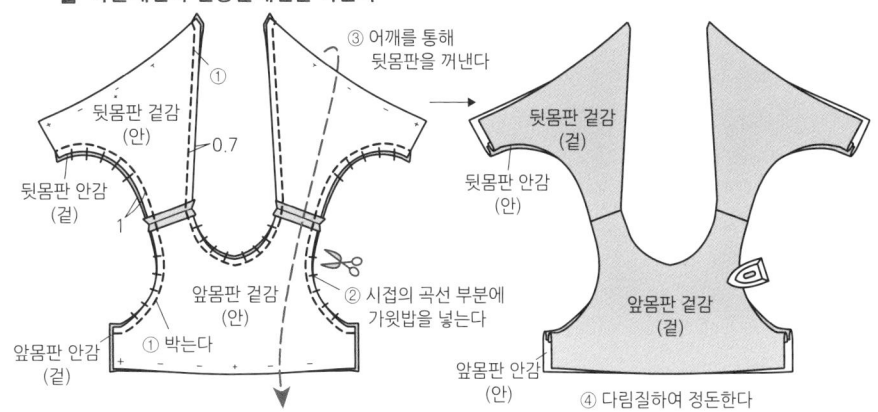

3 옆선을 박는다

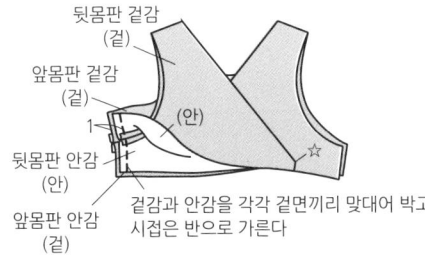

4 스커트를 만든다

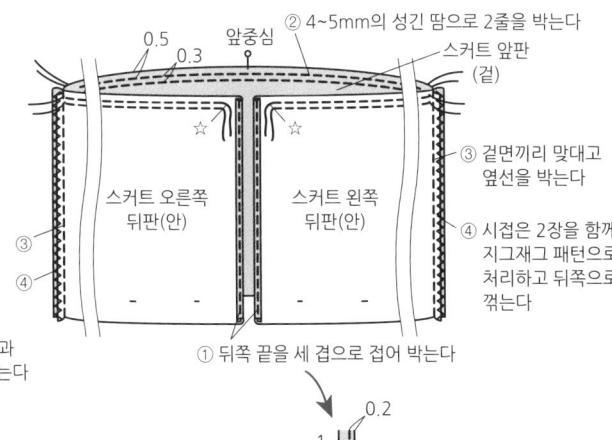

5 몸판과 스커트를 박는다

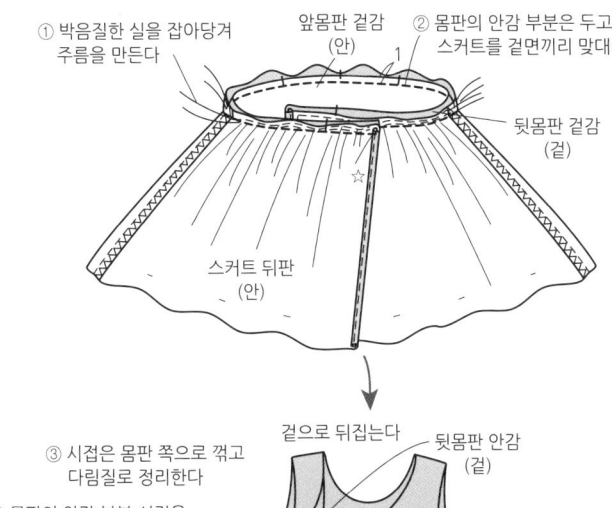

6 몸판 둘레를 상침한다

7 밑단을 박는다

8 가시도트단추를 단다 (p.48 참조)

M / 꽃무늬 원피스 / p.14 / 실물 크기 패턴 C면

SIZE 80/90/100 (왼쪽 또는 위부터)

재료
겉감: 면 론 110cm × 95/100/110cm
고무줄 0.5cm × 74/76/78cm

완성 치수
옷기장　46.8/50/54.3cm
가슴둘레　83.5/87.5/91.5cm

재봉 순서
1. 소맷부리를 박는다.
2. 몸판에 소매를 단다.
3. 목둘레선에 바이어스 테이프를 박음질해 단다.
4. 옆선을 박는다.
5. 밑단을 박는다.
6. 소매 밑을 박는다.
7. 목둘레선에 고무줄을 끼운다.

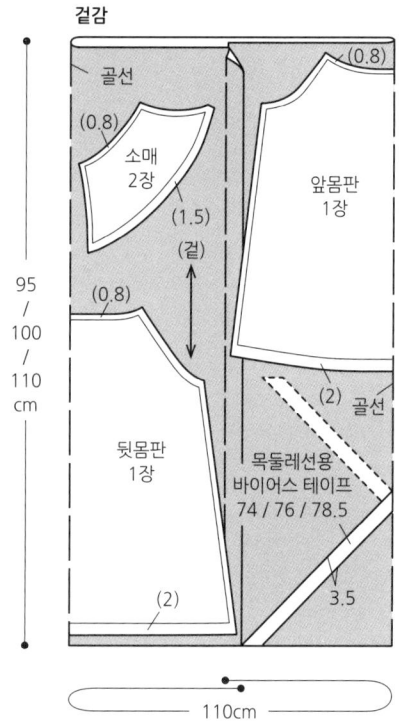
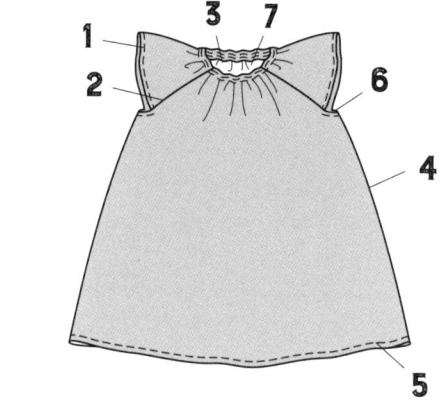

1 소맷부리를 박는다
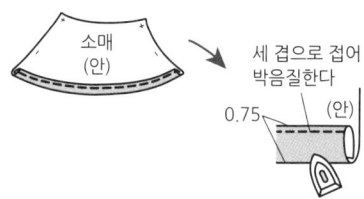

2 몸판에 소매를 단다
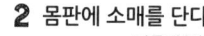
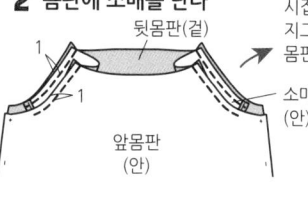

3 목둘레선에 바이어스 테이프를 박음질해 단다
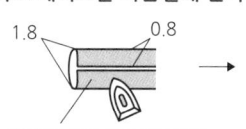

4 옆선을 박는다

5 밑단을 박는다

6 소매 밑을 박는다
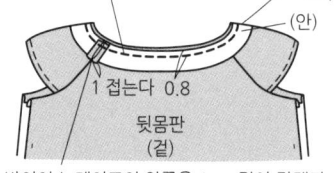

7 목둘레선에 고무줄을 끼운다

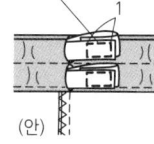

고무줄 길이 (시접 2cm 포함)

사이즈	길이
80	37×2개
90	38×2개
100	39×2개

N / 튜닉 / p.11 / 실물 크기 패턴 C면

SIZE 80/90/100 (왼쪽 또는 위부터)

재료
겉감: 스트라이프 면 110cm × 75/75/80cm
접착심지: 30 × 30cm(전 사이즈 공통)
지름 2.2cm 단추 × 1개
지름 1cm 똑딱단추 × 2쌍

완성 치수
옷기장   32.6/35.3/39.2cm
가슴둘레 83.5/87.5/91.5cm

재봉 순서
1 원단을 재단하고 접착심지를 붙인다.
2 옆선을 박는다.
3 진동둘레선을 바이어스 테이프로 처리한다.
4 몸판에 주름을 잡는다.
5 몸판에 요크를 단다.
6 밑단을 박는다.
7 똑딱단추와 단추를 단다.

1 원단을 재단하고 접착심지를 붙인다

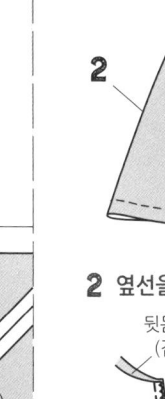

2 옆선을 박는다

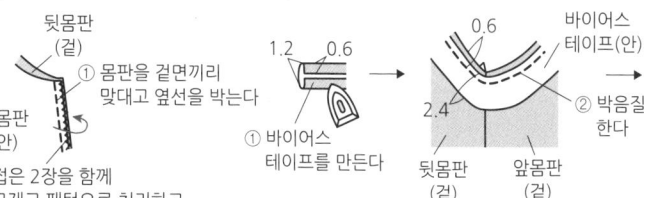

3 진동둘레선을 바이어스 테이프로 처리한다

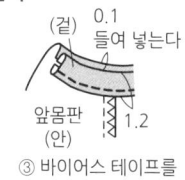

5 몸판에 요크를 단다

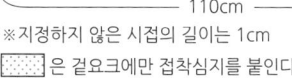

4 몸판에 주름을 잡는다

몸판에 4~5mm의 성긴 땀으로 2줄로 박아 주름을 잡는다

6 밑단을 박는다

세 겹으로 접어 박음질한다

7 똑딱단추와 단추를 단다 (p.48 참조)

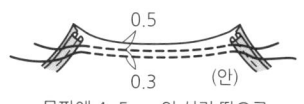

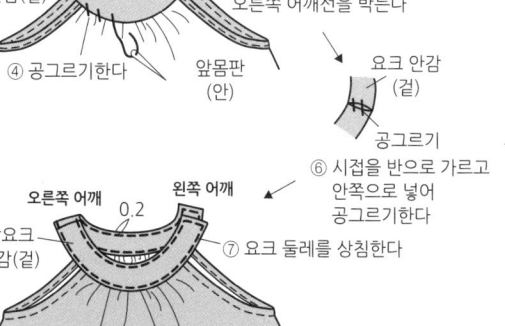

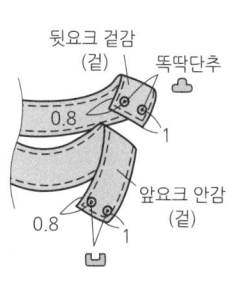

O / 흰색 칼라 원피스 / p.30, 33 / 실물 크기 패턴 C면

SIZE 80/90/100 (왼쪽 또는 위부터)

재료
겉감: 울 나일론 151cm × 80/85/90cm
칼라: 브로드클로스(100수) 60 × 30cm(전 사이즈 공통)
바이어스 테이프: 프린트 면 40 × 30cm(전 사이즈 공통)
접착심지: 40 × 30cm(전 사이즈 공통)
벨벳 리본 2.5cm × 62/66/70cm
지름 1cm 단추 × 3개
지름 1cm 가시도트단추 × 3쌍

완성 치수
옷기장 46.5/51/56.5cm
가슴둘레 59/63/67cm
소매 길이 9/10.5/12.5cm

재봉 순서
1. 원단을 재단하고 접착심지를 붙인다.
2. 안단에 바이어스 테이프를 단다.
3. 어깨선을 박는다.
4. 칼라를 만든다.
5. 몸판에 칼라를 단다.
6. 소맷부리를 접는다.
7. 소매를 단다.
8. 옆선에서 소매 밑까지 박는다.
9. 소맷부리를 박는다.
10. 스커트를 만든다.
11. 몸판과 스커트를 박는다.
12. 벨벳 리본을 공그르기한다.
13. 밑단을 박는다.
14. 가시도트단추와 단추를 단다.

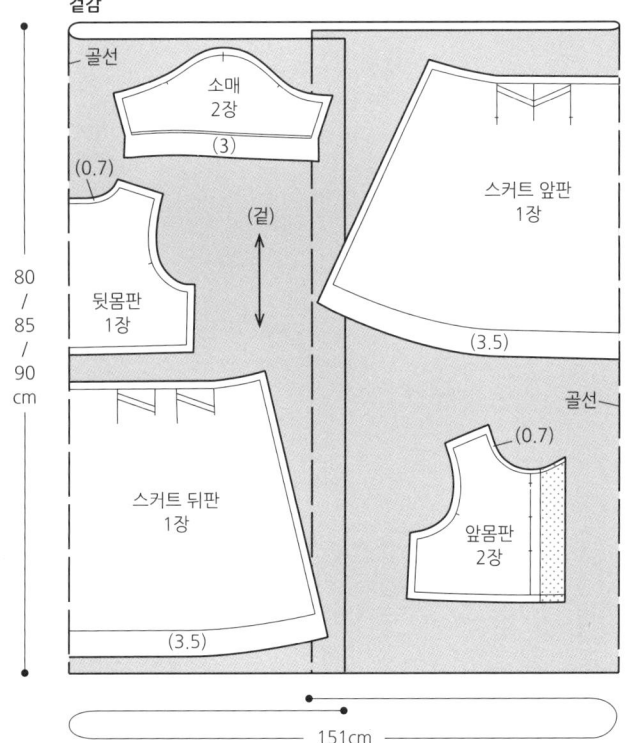

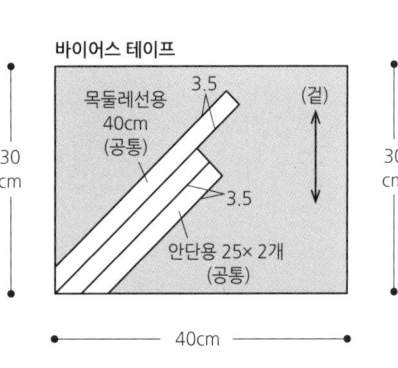

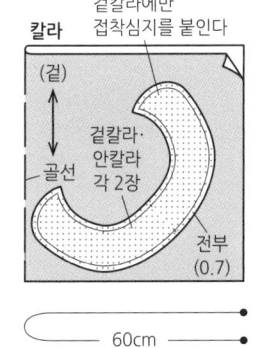

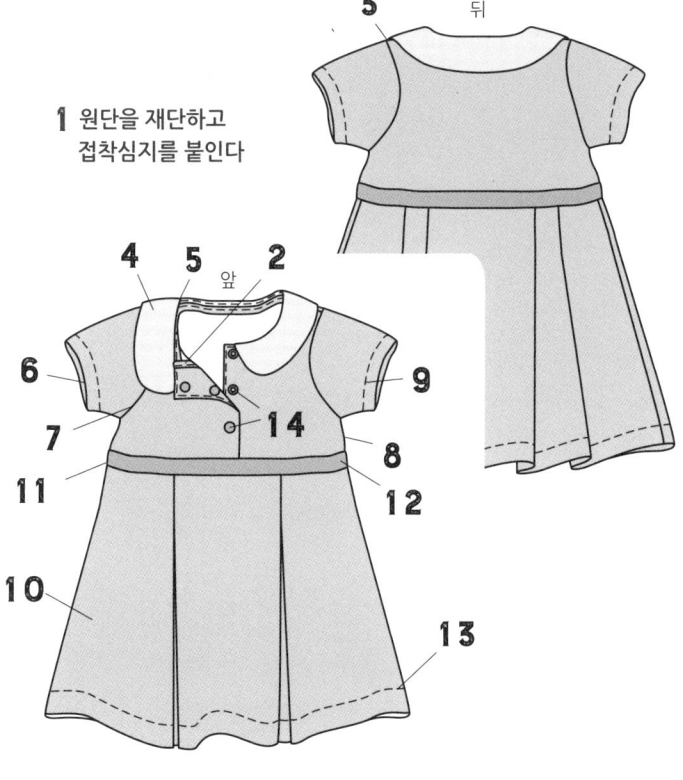

1 원단을 재단하고 접착심지를 붙인다

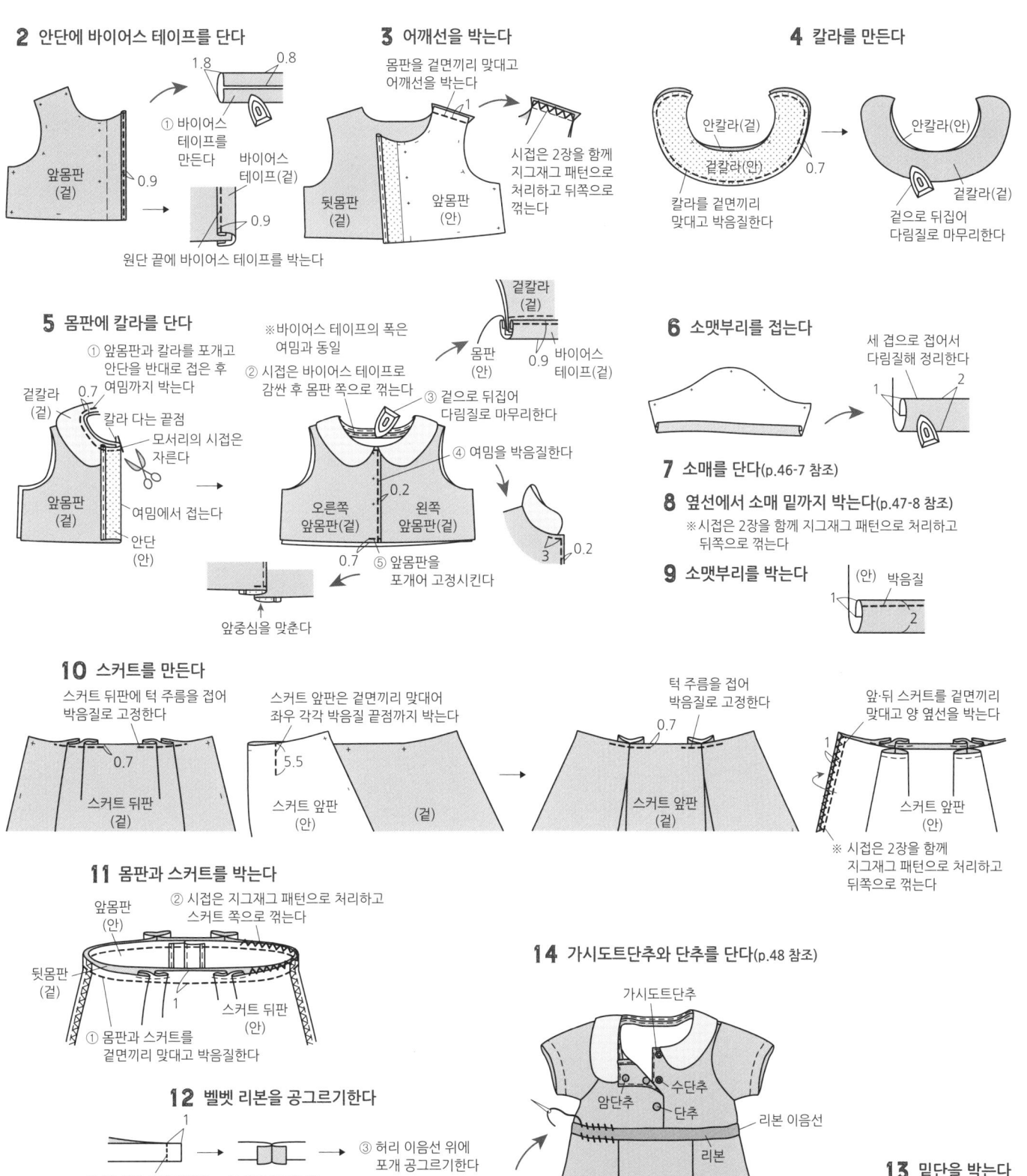

P / 볼레로 / p.16, 35 / 실물 크기 패턴 ⓒ면

SIZE 80/90/100 (왼쪽 또는 위부터)

재료
겉감: 벨벳 85cm × 75/80/90cm
안감(몸판): 면 론 90 × 30cm(전 사이즈 공통)
안감(소매): 면 80 × 35cm(전 사이즈 공통)
접착심지: 30 × 40cm(전 사이즈 공통)
지름 1cm단추 × 1개
단춧구멍용 견사 적당량

완성 치수
옷기장   19/21/24cm
가슴둘레 63/66/70cm
소매 길이 25/28/31.5cm

재봉 순서
1 원단을 재단하고 접착심지를 붙인다.
2 몸판 겉감의 어깨선을 박는다.
3 몸판 겉감에 소매를 단다.
4 소매 밑에서부터 옆선을 박는다.
5 몸판 안감을 만든다.
6 몸판의 안감과 겉감을 맞대고 박음질한다.
7 마무리한다.

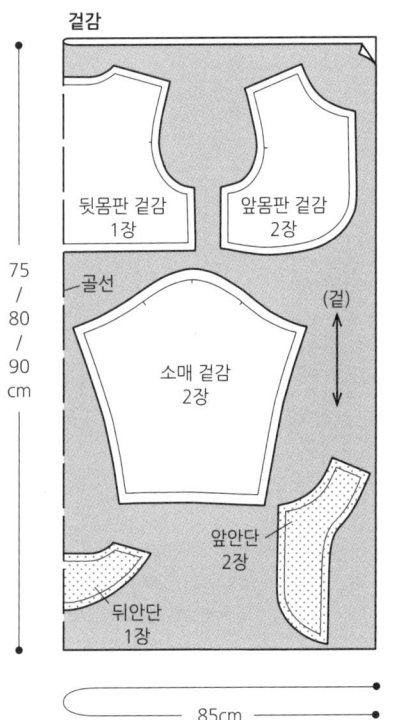

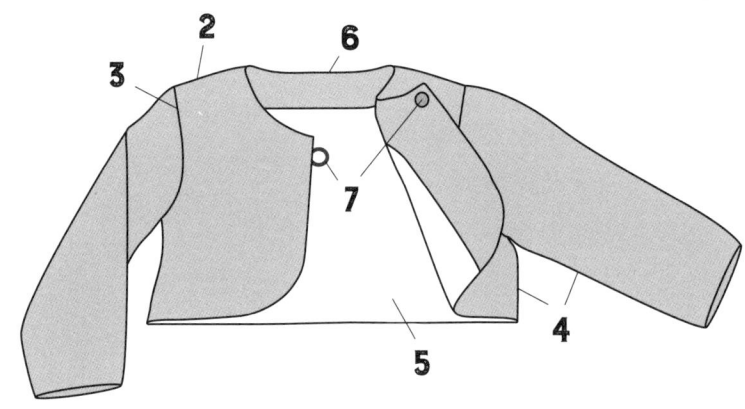

1 원단을 재단하고 접착심지를 붙인다

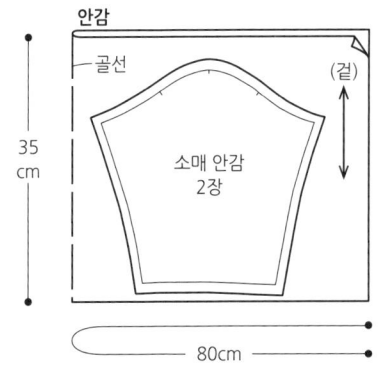

※ 지정하지 않은 시접의 길이는 1cm
▨ 은 안쪽에 접착심지를 붙인다

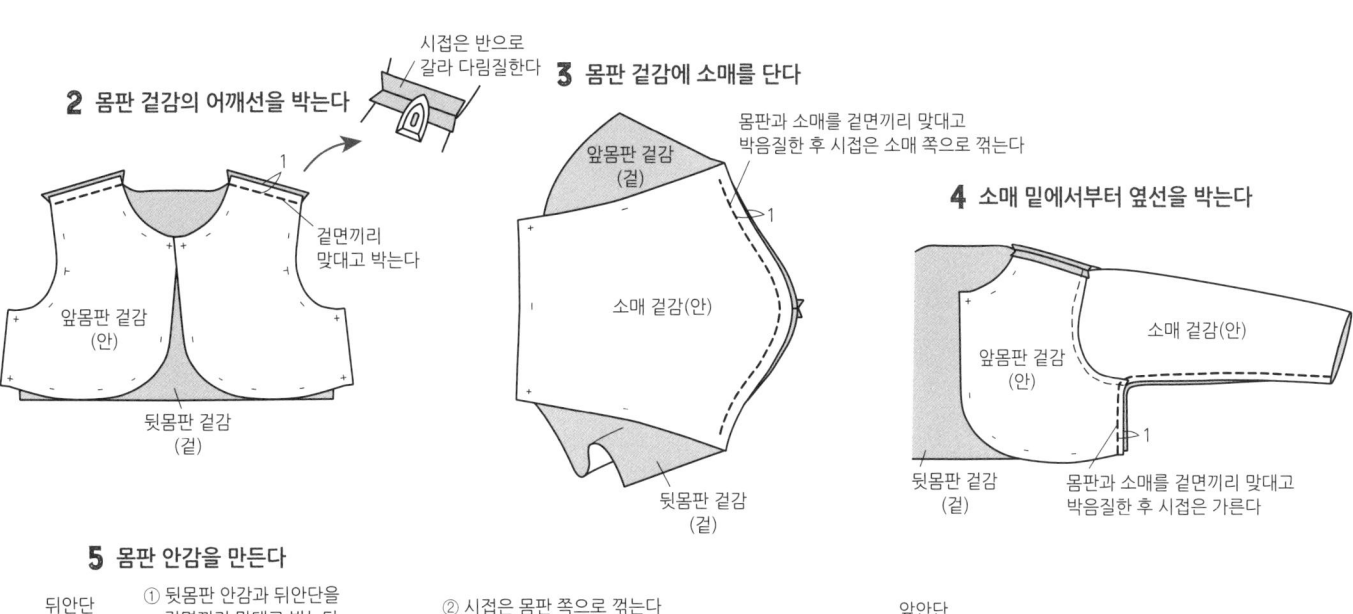

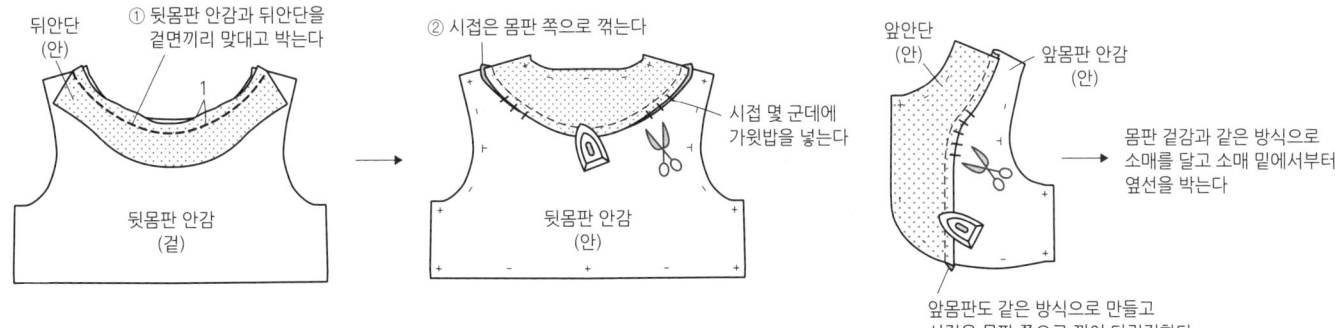

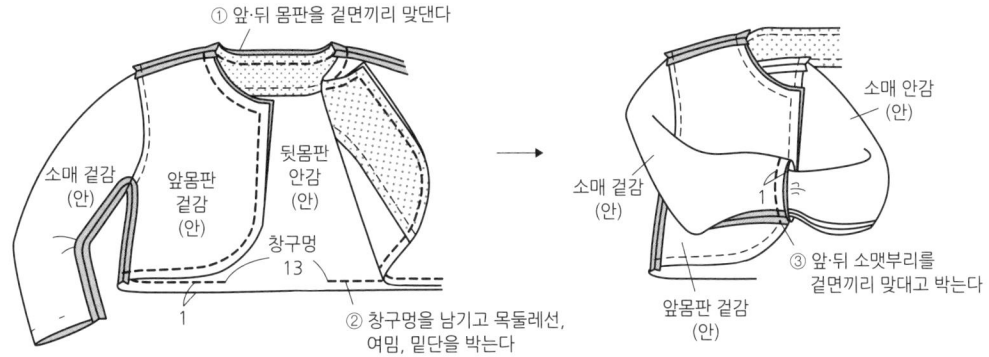

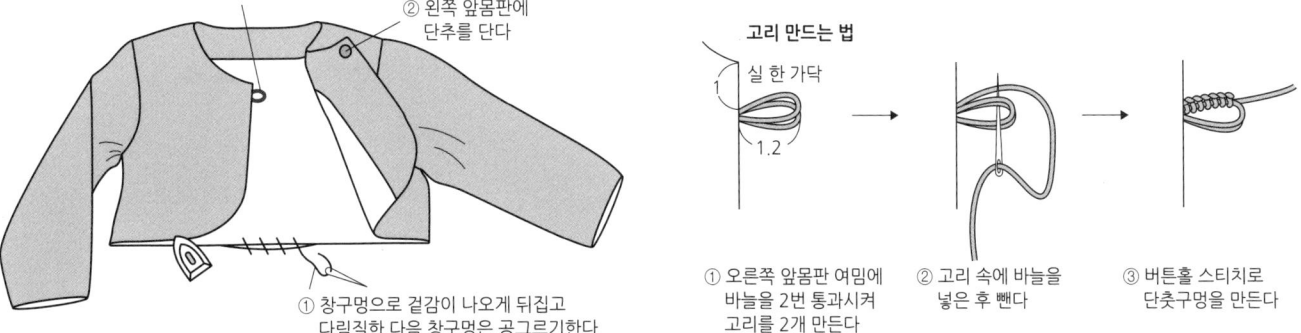

Q / 카디건 / p.21, 22, 23 / 실물 크기 패턴 ⓒ면

SIZE 80/90/100 (왼쪽 또는 위부터)

재료
겉감: 면 혼방 누빔 자카드 · 니트 165cm × 50/55/60cm
바이어스 테이프: 프린트 면 60 × 50cm(전 사이즈 공통)
접착심지: 35 × 40cm(전 사이즈 공통)
스냅 테이프(줄스냅) 2cm × 30/35/40cm

완성 치수
옷기장   32/34.5/37.5cm
가슴둘레 63/66/70cm
소매길이 25/28/31.5cm

재봉 순서
1. 재단한 원단에 접착심지를 붙이고 밑단과 소맷부리를 지그재그 패턴으로 박는다.
2. 여밈에 스냅 테이프를 단다.
3. 어깨선을 박는다.
4. 목둘레선에 안단을 박음질해 단다.
5. 몸판에 소매를 단다.
6. 소매 밑에서부터 옆선을 박는다.
7. 소맷부리와 밑단을 박는다.

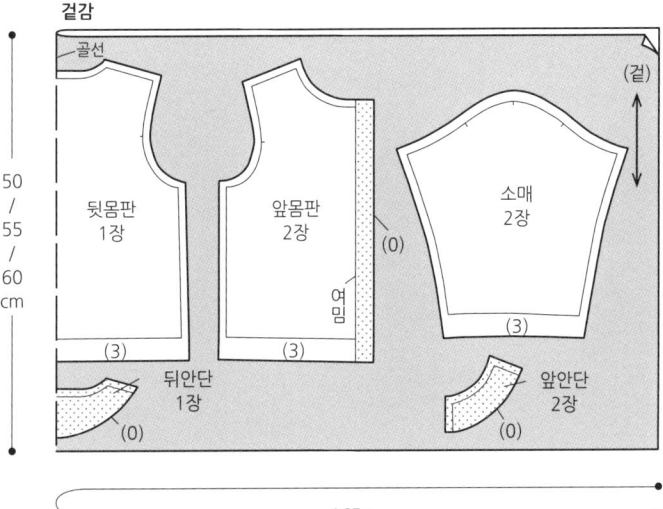

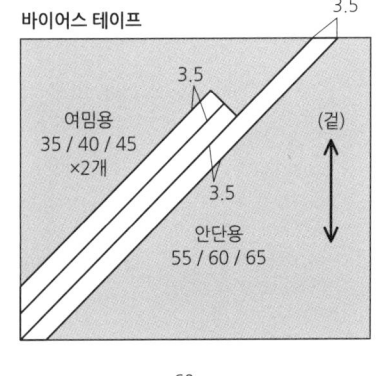

※지정하지 않은 시접의 길이는 1cm
▨ 은 안쪽에 접착심지를 붙인다

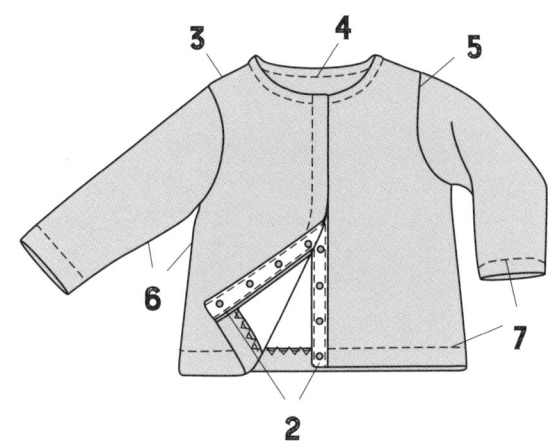

1 재단한 원단에 접착심지를 붙이고 밑단과 소맷부리를 지그재그 패턴으로 박는다

바이어스 테이프 만드는 법
※긴 경우에는 39쪽을 참조하여 여러 개를 연결해 하나로 만든다

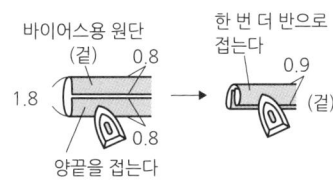

※바이어스 메이커(p.37 참조)를 사용하면 편리하다

2 여밈에 스냅 테이프를 단다

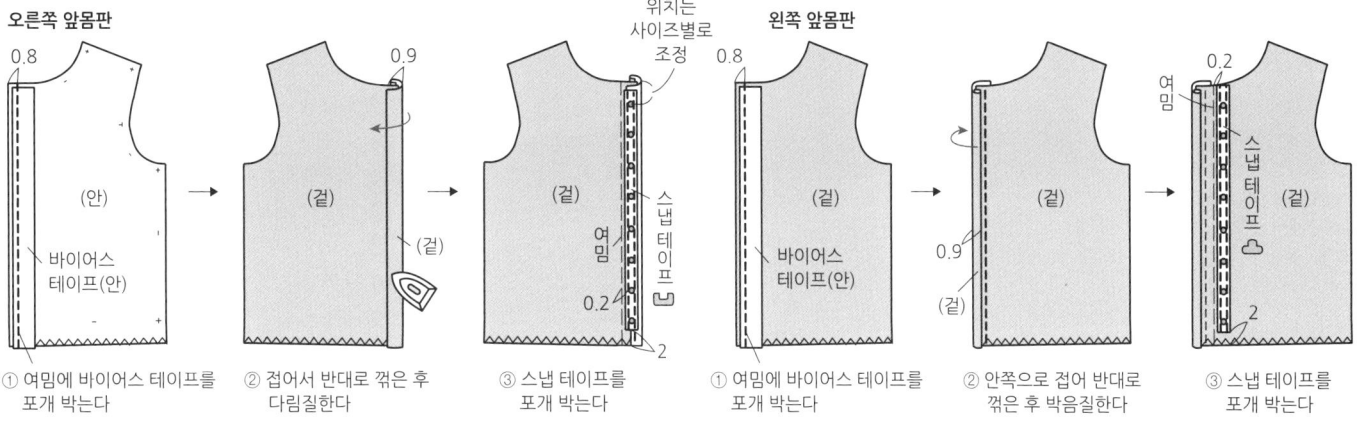

3 어깨선을 박는다

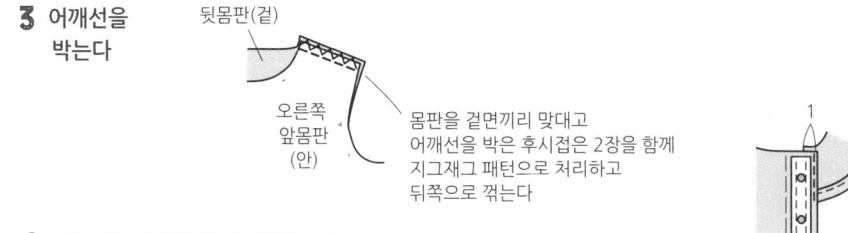

4 목둘레선에 안단을 박음질해 단다

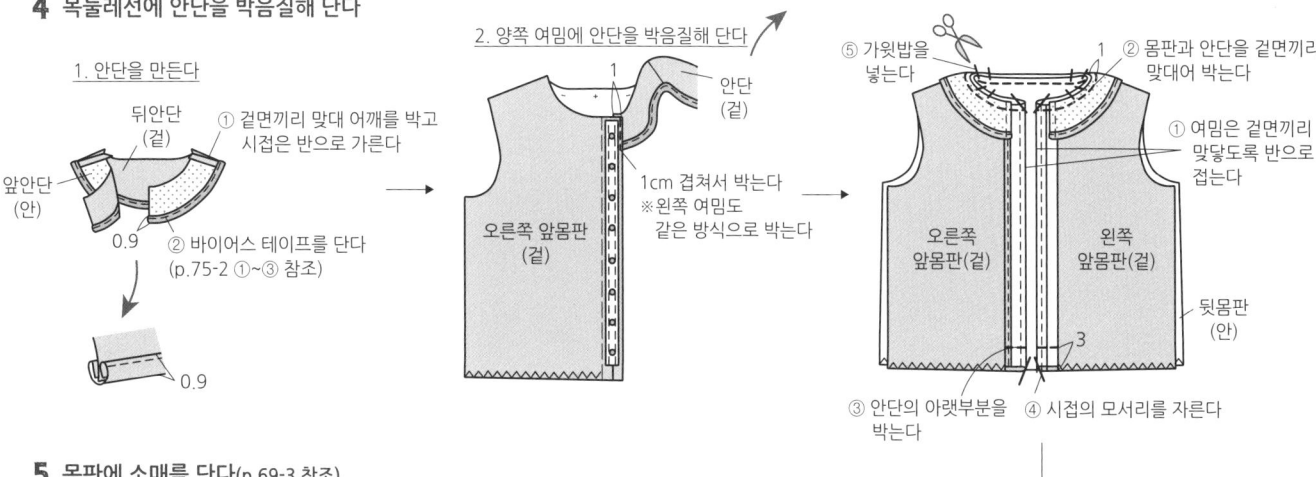

5 몸판에 소매를 단다 (p.69-3 참조)
※시접은 2장을 함께 지그재그 패턴으로 처리하고 소매 쪽으로 꺾는다

6 소매 밑에서부터 옆선을 박는다 (p.69-4 참조)
※시접은 2장을 함께 지그재그 패턴으로 처리하고 뒤쪽으로 꺾는다

7 소맷부리와 밑단을 박는다

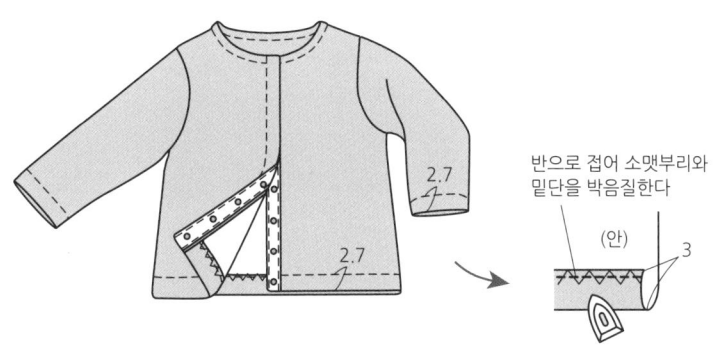
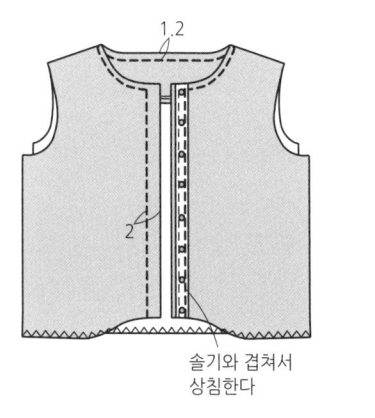

R1 / 베스트 / p.28 / 실물 크기 패턴 D면

SIZE 70·80/90/100 (왼쪽 또는 위부터)

재료
겉감: 스트라이프 울 코튼 145cm × 50/55/60cm
안감: 큐프라 인견 110cm × 38/41/45cm
접착심지: 30 × 55cm(전 사이즈 공통)
지름 2cm 단추 × 3개
지름 1.8cm 단추 × 2개
지름 1cm 가시도트단추 × 3쌍

완성 치수
옷기장 30/33/36.5cm
가슴둘레 61/65/69cm

재봉 순서
1 원단을 재단하고 접착심지를 붙인다.
2 몸판 겉감의 어깨선을 박는다.
3 몸판 안감을 만든다.
4 여밈부터 목둘레선과 진동둘레선을 박는다.
5 옆선을 박는다.
6 밑단을 박는다.
7 겉감이 나오게 뒤집은 후 둘레를 상침한다.
8 태브를 만든다.
9 가시도트단추와 단추를 단다.

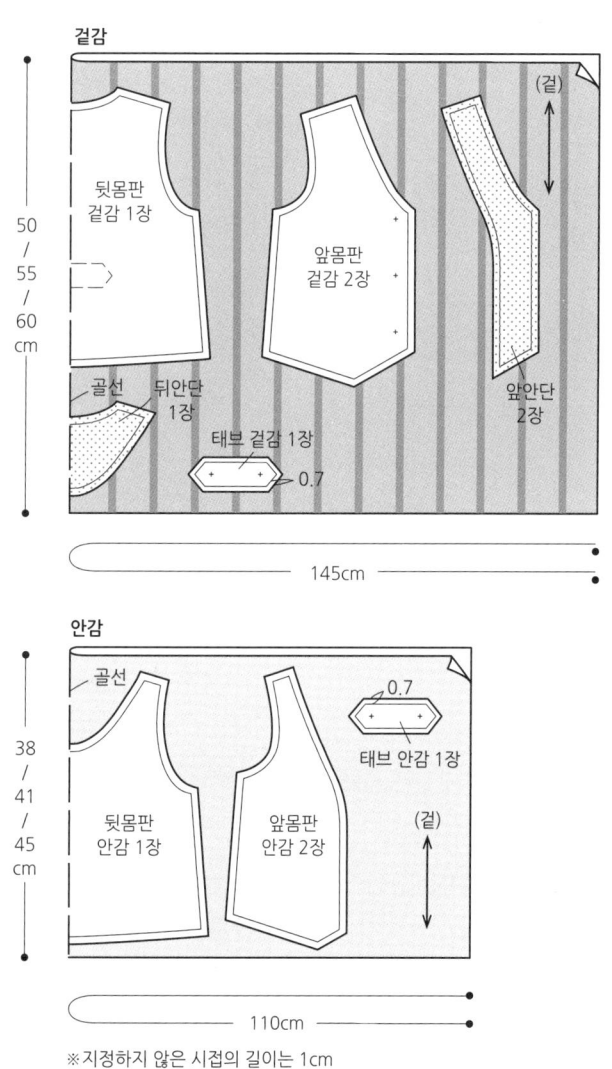

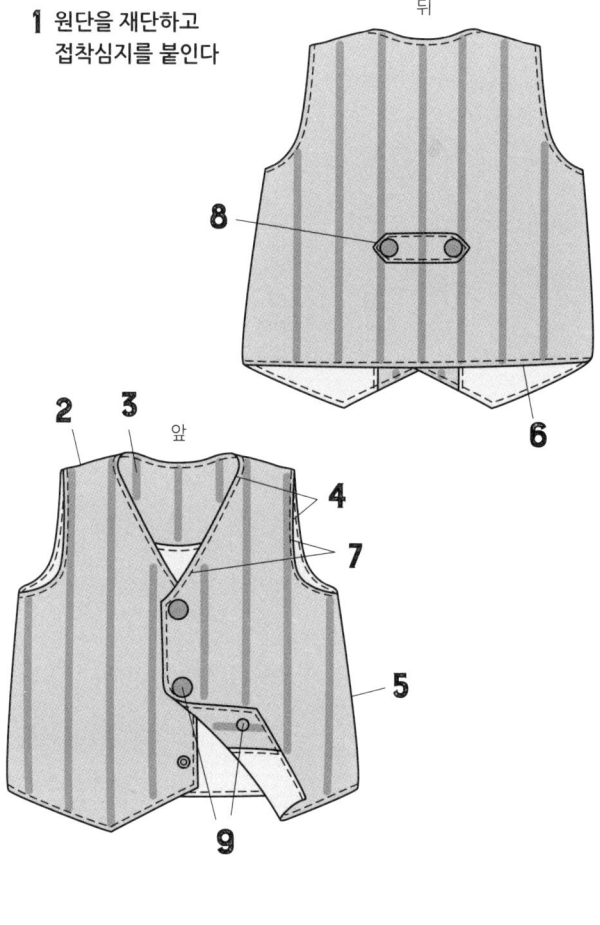

1 원단을 재단하고 접착심지를 붙인다

2 몸판 겉감의 어깨선을 박는다(p.69 참조)

3 몸판 안감을 만든다

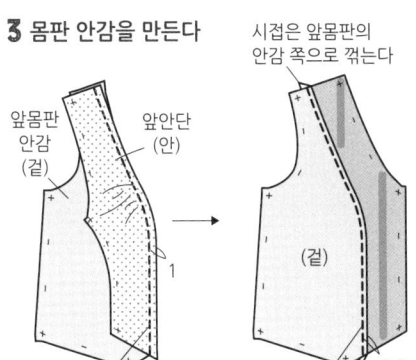

4 여밈 부분부터 목둘레선과 진동둘레선을 박는다(p.74-2 참조)

5 옆선을 박는다(p.74-3 참조)

6 밑단을 박는다(p.74-4 참조)

7 겉감이 나오게 뒤집은 후 둘레를 상침한다

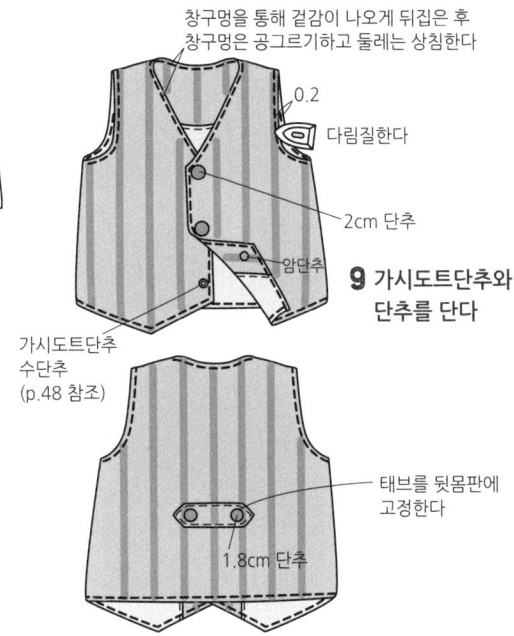

8 태브를 만든다

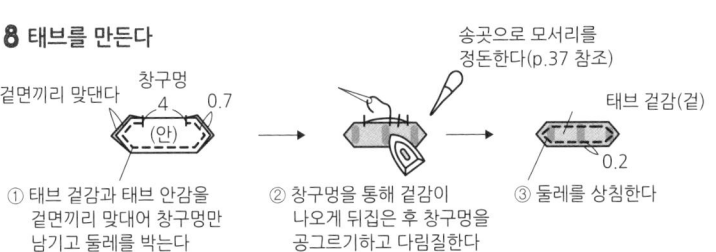

9 가시도트단추와 단추를 단다

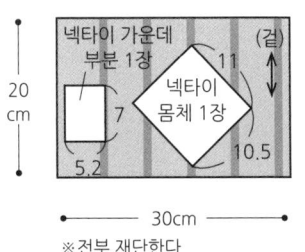

R2 / 나비넥타이 / p.28 / 실물 크기 패턴 없음

SIZE FREE

재료
겉감: 울 코튼 스트라이프 30 × 20cm
고무줄 1cm × 46cm
안지름 1cm 버클 × 1쌍
폭 1.3cm 조리개 × 1개

완성 치수
넥타이 폭 9.5 × 5cm

재봉 순서
1 넥타이 몸체를 만든다.
2 넥타이 가운데 부분을 만든다.
3 마무리한다.

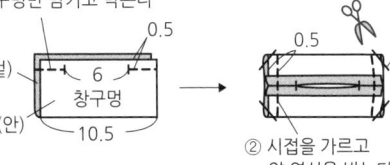

1 넥타이 몸체를 만든다

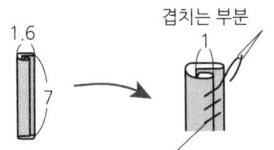

2 넥타이 가운데 부분을 만든다

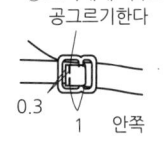

3 마무리한다

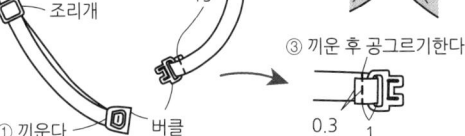

S / 폭신폭신 조끼 / p.22 / 실물 크기 패턴 D면

SIZE 70·80/90/100 (왼쪽 또는 위부터)

재료
겉감: 푸들 플리스 150cm × 35/38/41cm
안감: 면 론 110cm × 35/38/41cm
지름 1.5cm 단추 × 1개
고무 밴드 0.5cm × 7.5cm

완성 치수
옷기장 27.5/31/34.5cm
가슴둘레 58/62/66cm

재봉 순서
1 어깨선을 박고 고무 밴드를 시침질한다
2 여밈부터 목둘레선과 진동둘레선을 박는다
3 옆선을 박는다
4 밑단을 박는다
5 겉감이 나오게 뒤집고 마무리한다

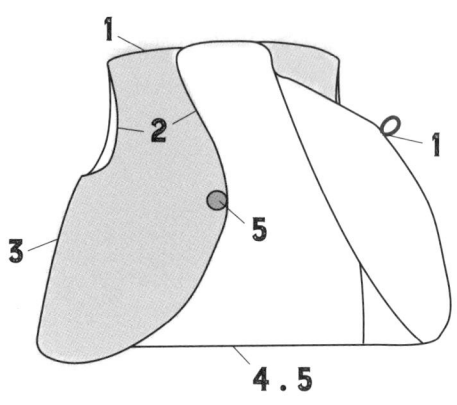

1 어깨선을 박고 고무 밴드를 시침질한다

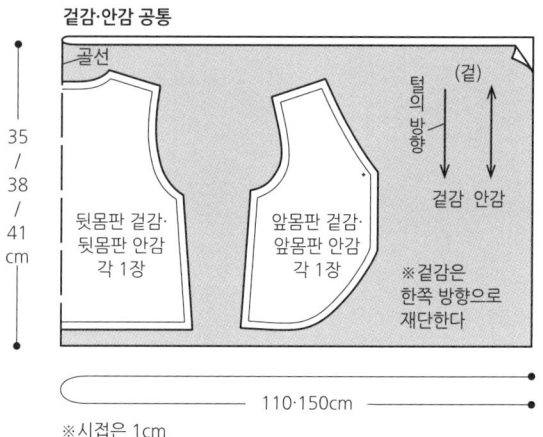

2 여밈부터 목둘레선과 진동둘레선을 박는다

① 몸판의 안감과 겉감을 겉면끼리 맞대고 여밈부터 목둘레선, 진동둘레선을 박는다
② 시접의 곡선 부분에 가윗밥을 넣는다
③ 겉면이 나오게 뒤집은 후 몸판 겉감에 천을 대고 다림질해 마무리한다

3 옆선을 박는다

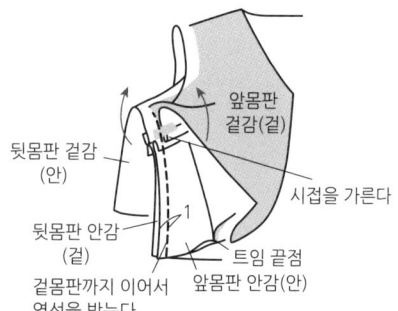

4 밑단을 박는다

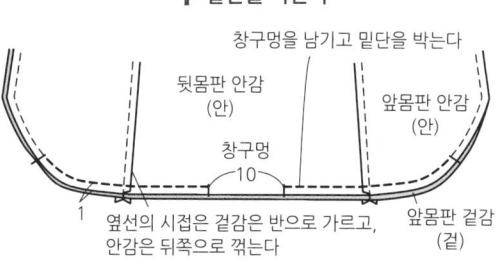

5 겉감이 나오게 뒤집고 마무리한다

① 창구멍을 통해 겉감이 나오게 뒤집은 후 다림질로 마무리하고 창구멍은 공그르기한다
② 단추를 단다

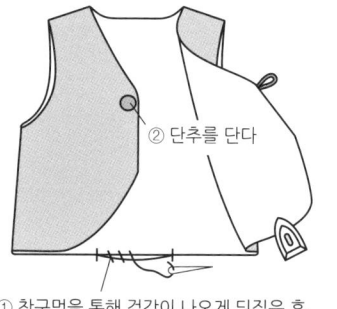

T / 판초 / p.34 / 실물 크기 패턴 D면

SIZE 70·80/90·100 (왼쪽 또는 위부터)

재료
겉감: 자카드 니트 145cm × 70/75cm
안단 천: 울 40 × 20cm(전 사이즈 공통)
바이어스 테이프: 큐프라 인견 80 × 50cm(전 사이즈 공통)
접착심지: 40 × 20cm
늘어남 방지 테이프 0.9cm × 70/80cm
지름 2.5cm 단추 × 1개
지름 1.7cm 대형 똑딱단추 × 1쌍
벨벳 리본 5cm × 70/80cm

완성 치수
옷기장　40/44.5cm

재봉 순서
1. 원단을 재단한 후 늘어남 방지 테이프와 접착심지를 붙인다.
2. 안단을 만든다.
3. 여밈에 리본을 박는다.
4. 목둘레선과 밑단을 박는다.
5. 시접을 처리하고 마무리한다.

1 원단을 재단한 후 늘어남 방지 테이프와 접착심지를 붙인다

2 안단을 만든다
① 안단용 바이어스 테이프를 만든다
② 안단에 바이어스 테이프를 대고 박는다
③ 원단 끝을 바이어스 테이프로 감싸 박는다

3 여밈에 리본을 박는다
여밈에 리본을 대고 박는다 (다른 쪽도 같은 방식)
④ 안단 위에 리본을 대고 박는다

4 목둘레선과 밑단을 박는다
① 목둘레선을 박는다
② 리본의 아래 끝선을 박는다
③ 바이어스 테이프를 박는다
위아래 모서리는 시접을 자른다
곡선 부분에 가윗밥을 넣는다
바이어스 테이프를 만든다

5 시접을 처리하고 마무리한다
① 겉감이 나오게 뒤집은 후 울지 않도록 공그르기한다
② 여밈과 목둘레선을 상침한다
③ 뒤중심과 어깨 주변의 3곳, 몸판에 안단을 공그르기한다
겉감의 오른쪽 앞에 단추를 단다
대형 똑딱단추

※지정하지 않은 시접의 길이는 1cm
▨ 는 안쪽에 늘어남 방지 테이프를 붙인다
▦ 는 안쪽에 접착심지를 붙인다

U / 나일론 판초 / p.10 / 실물 크기 패턴 D면

SIZE 70·80/90·100 (왼쪽 또는 위부터)

재료
겉감: 방수 나일론 144cm × 105/115cm
시판 바이어스 테이프(모자·목둘레선용) 1.8cm × 90cm(전 사이즈 공통)
나일론 바이어스 테이프·테두리 장식(밑단용) 1cm × 280/310cm
그로그랭 테이프(골지 테이프) 2.5cm × 120/135cm
지름 1.3cm 원터치 플라스틱 똑딱단추 × 6쌍

완성 치수
옷기장 47.5/54.5cm

재봉 순서
1. 고리를 만들어 뒷몸판에 단다.
2. 모자를 만든다.
3. 어깨선을 박는다.
4. 안단에 그로그랭 테이프를 박는다.
5. 몸판에 모자를 박는다.
6. 여밈을 박고 밑단을 마무리한다.
7. 원터치 플라스틱 똑딱단추를 단다.

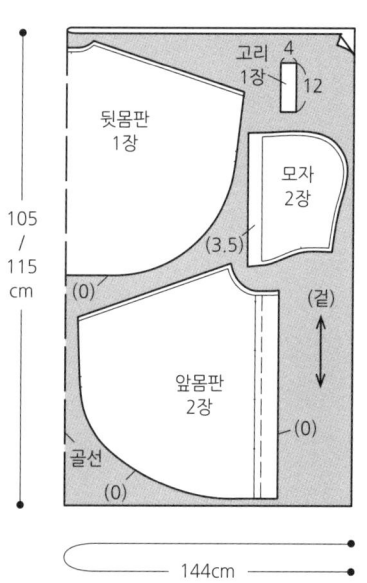

※ 지정하지 않은 시접의 길이는 1cm

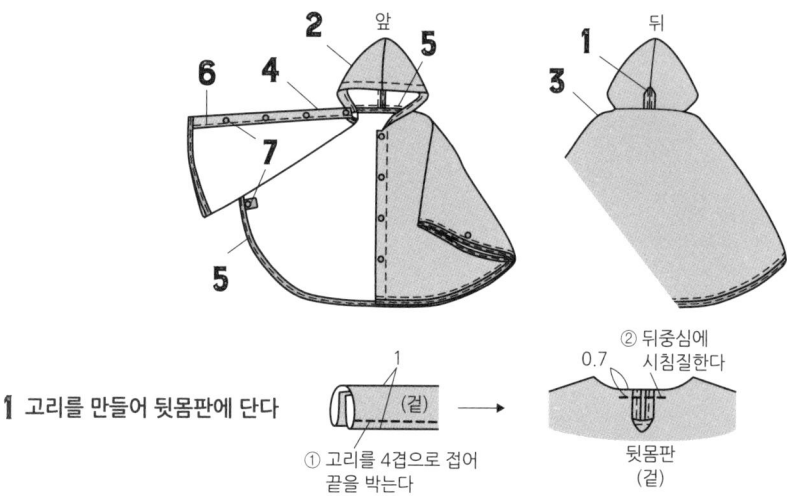

1 고리를 만들어 뒷몸판에 단다

2 모자를 만든다

3 어깨선을 박는다
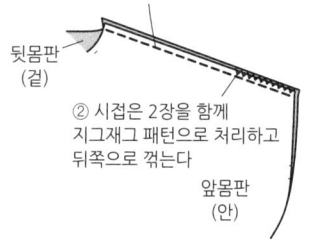

4 안단에 그로그랭 테이프를 박는다
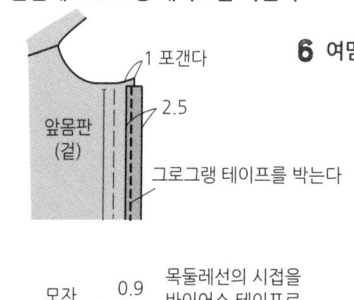

5 몸판에 모자를 박는다

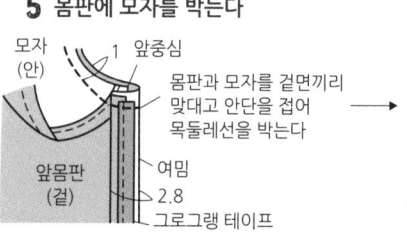
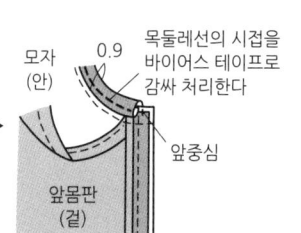

6 여밈을 박고 밑단을 마무리한다

7 원터치 플라스틱 똑딱단추를 단다
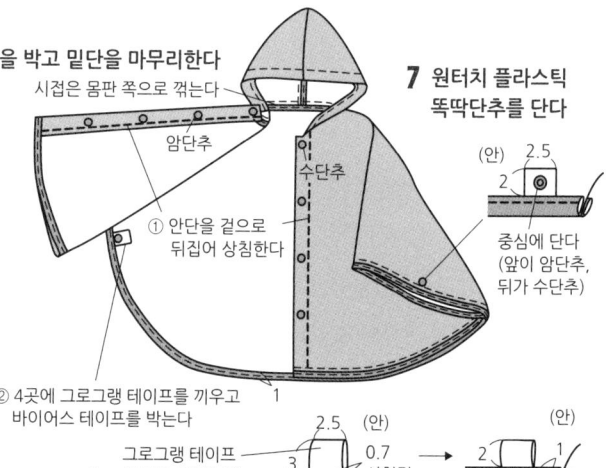

W / 타월 판초 / p.18 / 실물 크기 패턴 Ⓒ면

SIZE FREE

재료

겉감: 테리 원단 92cm × 110cm
바이어스 테이프: 프린트 면 90 × 50cm
헤링본 테이프 1.8cm × 40cm
지름 1.3cm 플라스틱 똑딱단추 × 3쌍

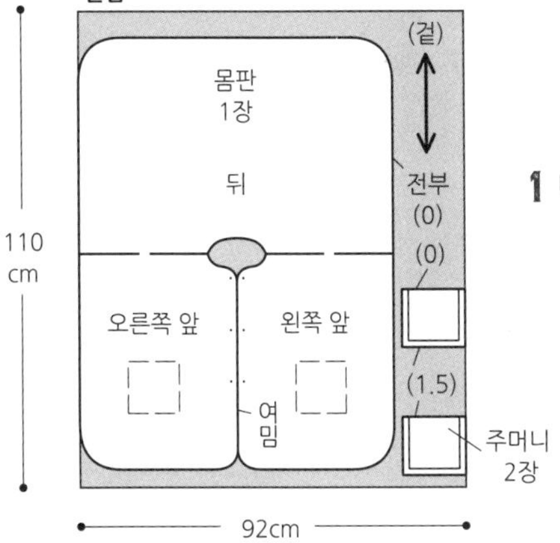

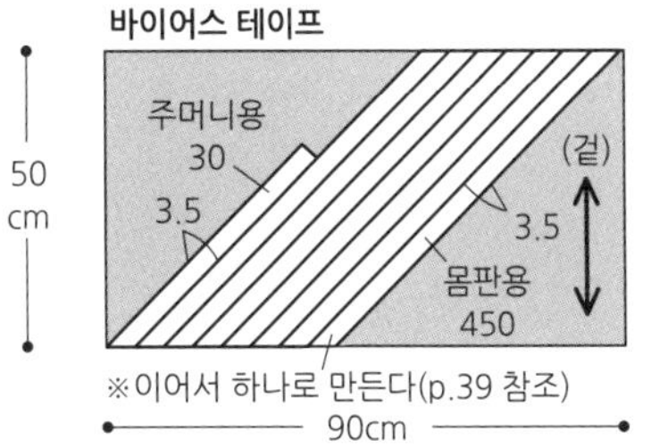

완성 치수

옷기장 **46.5**cm

재봉 순서

1 바이어스 테이프를 만든다.
2 주머니를 만들어 몸판에 단다.
3 몸판의 둘레를 처리한다.
4 플라스틱 똑딱단추를 단다.

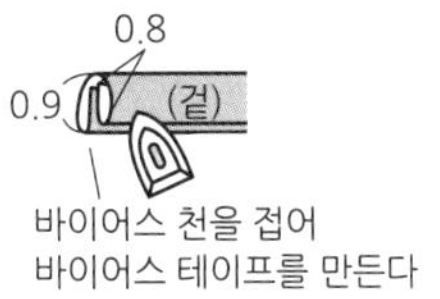

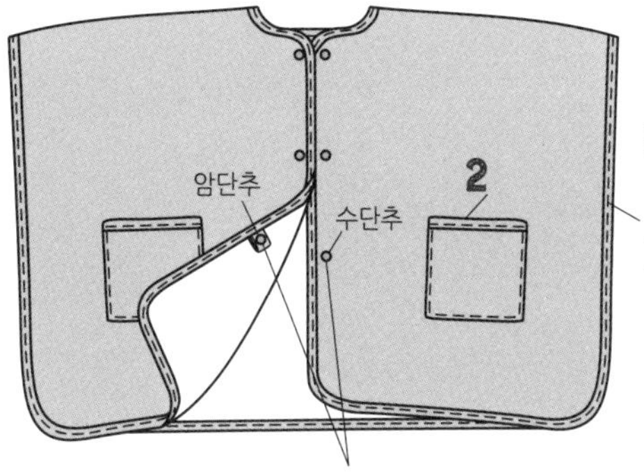

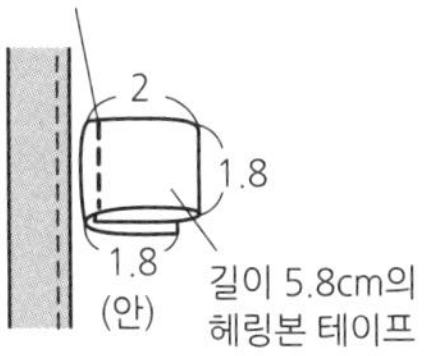

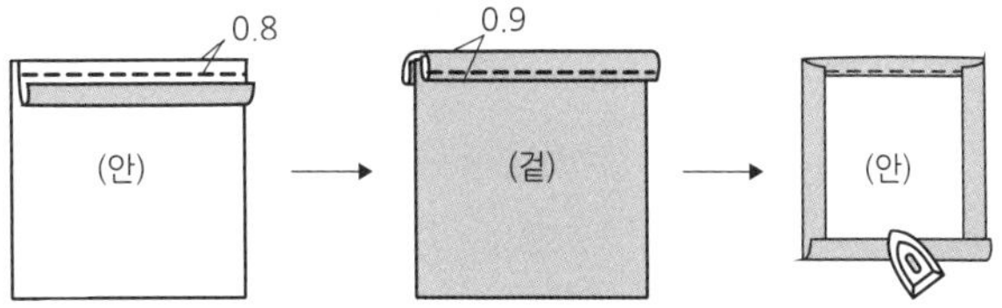

겉감

※지정하지 않은 부분은 시접 없이 자른다
여밈은 벌어지도록 자른다

바이어스 테이프

※이어서 하나로 만든다(p.39 참조)
90cm

1 바이어스 테이프를 만든다

3 몸판의 둘레를 처리한다

주머니와 같은 방식으로
둘레를 바이어스 테이프로
감싸 박는다

4 플라스틱 똑딱단추를 단다(p.48 참조)

플라스틱 똑딱단추를 달 위치 안쪽에
헤링본 테이프를 단다(6곳)

2 주머니를 만들어 몸판에 단다

① 주머니 입구에 바이어스 테이프를 포개 박는다
② 겉으로 돌려 주머니 입구에 바이어스 테이프를 감싸 박는다
③ 시접을 안쪽으로 꺾어 다림질하고 몸판에 붙인다

Z / 티핏 / p.35 / 실물 크기 패턴 Ⓒ면

SIZE 70·80/90·100

재료

겉감: 인조털 원단 150cm × 15cm
안감: 면 론 110cm × 15cm
양면 벨벳 리본 1.3cm × 80cm

완성 치수

목둘레 **34/38.5**cm
칼라 폭 **5.5/6**cm

재봉 순서

1 둘레를 박는다.
2 겉으로 뒤집어 공그르기한다.
3 리본 끝을 처리한다.

1 둘레를 박는다

② 겉칼라와 안칼라를 겉면끼리 맞대 후
창구멍을 남기고 둘레를 박는다

겉감·안감 공통
(인조털 원단을 자르는 방법은 p.48 참조)

※겉감은 한쪽 방향으로 재단
110·150cm
※시접은 1cm

2 겉으로 뒤집어 공그르기한다

창구멍을 통해 겉감이 나오게 뒤집은 후
창구멍은 공그르기하고 털끝을 끄집어낸다
(p.48 참조)

3 리본 끝을 정리한다

리본 양끝을 0.5cm로
세 겹으로 접어 공그르기한다

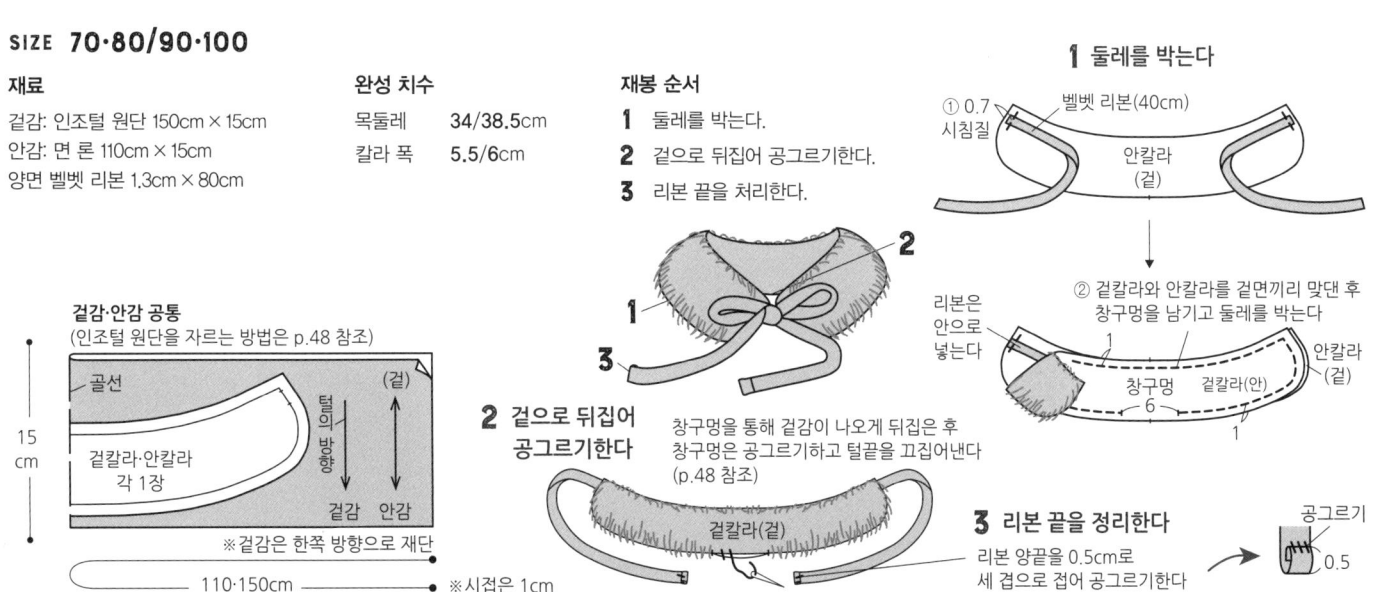

V / 울 코트 / p.31, 32 / 실물 크기 패턴 D면

SIZE 90/100 (왼쪽 또는 위부터)

재료
겉감: 두꺼운 울 150cm × 105/110cm
안감: 큐프라 인견 108cm × 100/110cm
접착심지: 45 × 75cm(전 사이즈 공통)
지름 2.2cm 단추 × 4개
지름 1.7cm 대형 똑딱단추 × 4쌍

완성 치수
옷기장   49.7/54.5cm
가슴둘레 71/75cm
화장 길이 35.5/39.5cm

재봉 순서
1 원단을 재단하고 접착심지를 붙인다.
2 주머니를 만들어 앞몸판 겉감에 단다.
3 몸판 겉감을 만든다.
4 몸판 안감을 만든다.
5 몸판의 안감과 겉감을 맞대고 박는다.
6 칼라를 만든다.
7 몸판에 칼라를 단다.
8 밑단과 소맷부리를 공그르기하고 단추를 단다.

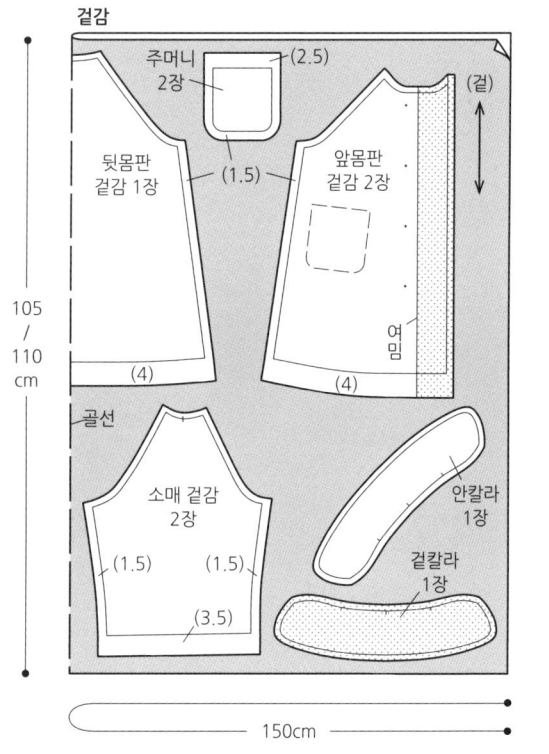

※지정하지 않은 시접의 길이는 1cm
▧ 은 안쪽에 접착심지를 붙인다

1 원단을 재단하고 접착심지를 붙인다

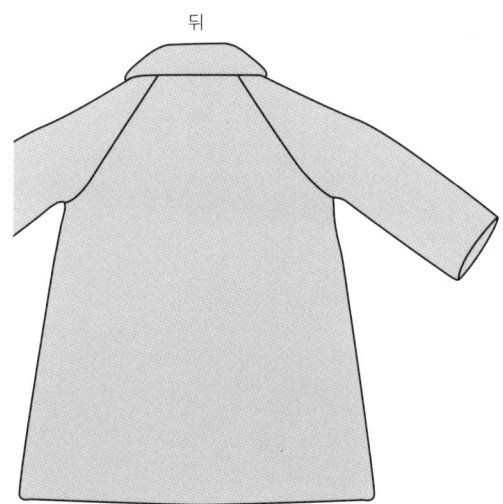

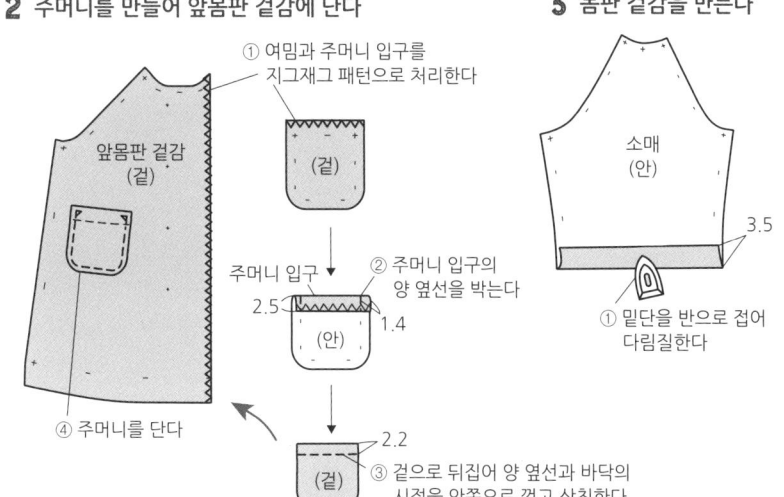
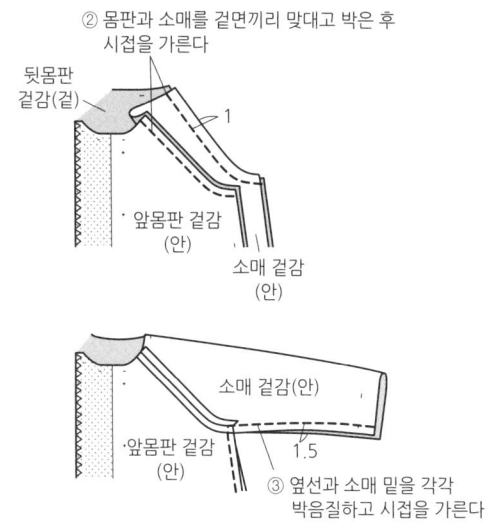
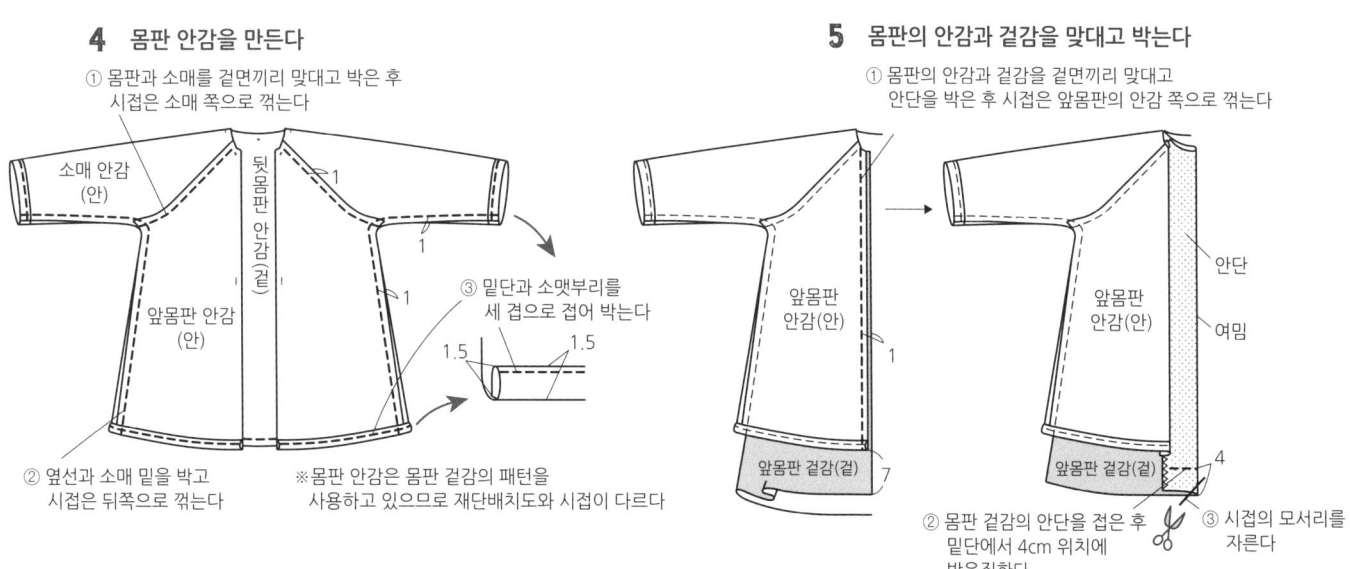

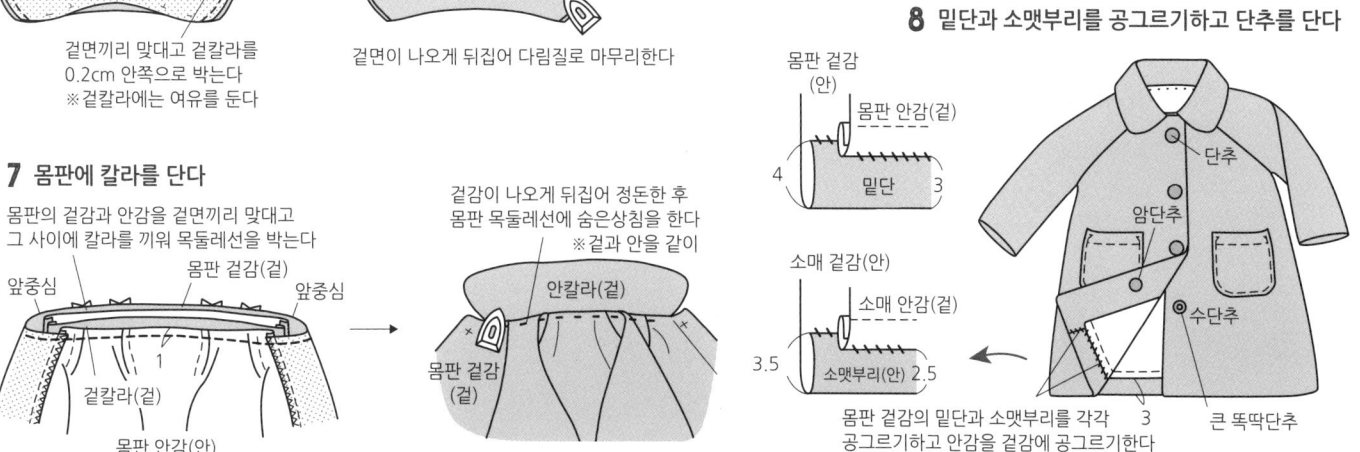

Kigokochi No Ii Chiisana Ko No Fuku (NV70415)
Copyright ⓒ Yoko Nogi / NIHON VOGUE-SHA 2017
Photograhper: Ikue Takizawa, Nobuhiko Honma
First published in Japan in 2017 by Nihon Vogue Corp.
Korean translation rights arranged with Nihon Vogue Corp.
through Shinwon Agency Co.
Korean translation right ⓒ 2018 by GOLDEN TIME

이 책의 한국어판 저작권은 신원에이전시를 통한 저작권사와 독점 계약한 황금시간이 소유합니다.
저작권법에 의하여 한국 내에서 보호를 받는 저작물이므로 무단전재와 무단복제를 금합니다.

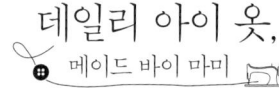

지은이 노기 요코
펴낸이 정규도
펴낸곳 황금시간

초판 1쇄 발행 2018년 5월 8일
　　3쇄 발행 2023년 1월 10일

편집 박은경 이초희 권명희
디자인 디자인 잔

황금시간
Golden Time

주소 경기도 파주시 문발로 211
전화 (02)736-2031(내선 362~364)
팩스 (02)732-2036

출판등록 제406-2007-00002호
공급처 (주)다락원
구입문의 전화: (02)736-2031(내선 250~252)
　　　　팩스: (02)732-2037

구입 후 철회는 회사 내규에 부합하는 경우에 가능하므로 구입문의처에 문의하시기 바랍니다.
분실·파손 등에 따른 소비자 피해에 대해서는 공정거래위원회에서 고시한 소비자 분쟁 해결
기준에 따라 보상 가능합니다. 잘못된 책은 바꿔 드립니다.

값 13,000원
ISBN 979-11-87100-53-9 (13590)

http://www.darakwon.co.kr
• 다락원 홈페이지를 통해 주문하시면 자세한 정보와 함께 다양한 혜택을 받으실 수 있습니다.
• 기타 문의사항은 황금시간 편집부로 연락 주십시오.